Eduardo Terra

VAREJO, TRANSFORMAÇÃO DIGITAL E PANDEMIA

UM PANORAMA DAS
MUDANÇAS ESTRATÉGICAS
DO SETOR E DO QUE
O FUTURO DIGITAL NOS TRARÁ

Copyright© 2022 by Literare Books International
Todos os direitos desta edição são reservados à Literare Books International.

Nenhuma parte desta publicação poderá ser reproduzida por qualquer meio ou forma sem a permissão expressa do autor. A violação dos direitos é crime estabelecido na lei nº 9.610/98 e punida pelo artigo 180 do Código Penal.

Apesar de todas as formas de verificação feitas para garantir a confiabilidade das informações contidas neste livro, não é de responsabilidade do autor, nem do editor, quaisquer erros, omissões ou interpretações contrárias aos termos aqui tratados.

Este livro é para ser usado como parte das informações necessárias para um processo de implantação e não tomado como instrução e comando. Quem lê é responsável pelas suas próprias e exclusivas ações e compreensões.

Quaisquer menções a empresas, marcas e pessoas são meramente ilustrativas e de domínio público, pois foram colhidas em *sites* de notícias da internet, jornais, revistas, livros e estudos de ampla circulação.

Presidente: Mauricio Sita
Vice-presidente: Alessandra Ksenhuck
Diretora executiva: Julyana Rosa
Diretora de projetos: Gleide Santos
Relacionamento com o cliente: Claudia Pires
Capa: Gabriel Uchima
Projeto gráfico e diagramação: Diana F. Müller
Coordenação técnica: Rebeca Pimentel
Edição e revisão de textos: Renato Müller
Impressão e acabamento: Gráfica Paym

Dados Internacionais de Catalogação na Publicação (CIP)
(eDOC BRASIL, Belo Horizonte/MG)

T323v   Terra, Eduardo.
    Varejo, transformação digital e pandemia: um panorama das mudanças do setor mais dinâmico da economia e do que o futuro nos trará / Eduardo Terra. – São Paulo, SP: Literare Books International, 2022.
    14 x 21 cm

    ISBN 978-65-5922-447-0

    1. Literatura de não-ficção. 2. Comércio varejista – Administração. 3. Planejamento estratégico. 4. Vendedores. I. Título.
    CDD 658.87

Elaborado por Maurício Amormino Júnior – CRB6/2422

Literare Books International
Rua Antônio Augusto Covello, 472 – Vila Mariana – São Paulo, SP.
CEP 01550-060
Fone: +55 (0**11) 2659-0968
site: www.literarebooks.com.br
e-mail: literare@literarebooks.com.br

Varejo, transformação digital e pandemia

Eduardo Terra

Um panorama das mudanças do setor mais dinâmico da economia e do que o futuro nos trará

Agradecimentos

Escrever um livro nunca é uma tarefa solitária.

Sim, ela exige a disposição de estruturar os pensamentos e colocá-los em palavras (o que costuma ser feito à frente do computador), mas até chegar a esse momento, passa-se muito tempo discutindo essas ideias. Incontáveis horas são investidas estudando o mercado, analisando informações, editando as ideias, formatando-as, repensando tudo, até chegar ao livro que você agora tem em mãos. Ou na tela, se você estiver lendo a versão digital dele.

Escrever um livro também é um processo que leva a vida inteira. O conhecimento vai sendo colhido ao longo dos anos, depurado, resumido, comparado com outras referências, e em algum momento é considerado pronto para ser publicado. Na realidade, ele nunca está pronto: certamente, daqui a alguns anos continuaremos falando sobre o varejo e suas transformações, e o ponto em que estamos hoje será uma parte da jornada futura.

Estas páginas que você está lendo nasceram de uma série de observações e análises. Viagens à China, Japão, Emirados Árabes, Israel, Europa, Estados Unidos e a todo o Brasil me deram a possibilidade de conectar as principais tendências globais à realidade e às particularidades do nosso varejo. Como membro

AGRADECIMENTOS

do Conselho de Administração de diversas empresas de varejo, tenho a oportunidade e o privilégio de discutir ideias e conceitos, colocando-os a serviço da prática das empresas.

Como palestrante, transformo esses debates em novos *insights*, multiplicando o conhecimento em um círculo virtuoso. Durante a pandemia do Covid-19 foram mais de 100 *lives* e palestras com empresas e comunidades diferentes tentando entender a nova dinâmica que se formava neste setor tão relevante para a nossa economia e que mudou tanto durantes poucos meses.

Nesta jornada, muitas pessoas participaram dos debates e da organização das ideias, me ajudando, mesmo que indiretamente, a dar forma a este livro. Em primeiro lugar, à minha família: à minha esposa Luciana, aos meus filhos Juliana e Gabriel, aos meus pais e meus irmãos. O apoio de vocês tem sido inestimável.

Meus sócios e equipe também ocupam uma posição especial nestes agradecimentos. Minha atuação como consultor e organizador de missões internacionais de atualização em varejo é um pilar importante de todo o processo de conhecimento que gerou este livro. E isso não seria possível sem eles, tanto na BTR – Educação e Consultoria quanto na BTR-Varese.

Um agradecimento ainda mais especial ao Alberto Serrentino, que escreveu o prefácio deste livro e tem sido um parceiro nessa jornada de desenvolvimento do varejo.

Meus colegas nos Conselhos de Administração, alunos e clientes também merecem um agradecimento especial. Sem eles, o intenso processo intelectual que tem gerado ideias, teorias, análises e *insights* seria muito menos interessante.

Meu agradecimento especial também a Renato Müller e Rebeca Pimentel, que tiveram um papel fundamental em me ajudar a colocar todas as ideias organizadas neste livro.

Também quero agradecer imensamente a você que está lendo. Livro que não se lê é livro que não existe em termos práticos. As ideias só estão vivas quando são conhecidas, debatidas e aprimoradas. E você é uma parte essencial em todo esse processo.

Obrigado por decidir utilizar seu tempo com este livro: quero ouvir seu *feedback*. Juntos, vamos contribuir para a evolução do varejo brasileiro.

Um grande abraço.
Eduardo Terra

SUMÁRIO

5. Agradecimentos
13. Prefácio
19. Apresentação

PARTE 1
Varejo: um mundo em transformação

24. A inspiração que vem do outro lado do mundo
30. A era da aceleração do varejo
36. O binômio da evolução do varejo
40. A digitalização do varejo não tem *glamour*
46. Caminhos complementares da transformação digital do varejo

PARTE 2
Novos valores para novos tempos

54. A nova dinâmica que transforma o varejo e o consumidor
60. Distribuição, abastecimento e *supply*: a próxima revolução do varejo

68. Covid-19: o futuro da fidelidade e do engajamento do consumidor no varejo

74. Entendendo o novo consumidor de uma nova forma

80. Digitalização total: é hora de abandonar preconceitos

86. Dois indicadores cada vez mais relevantes para o varejo

92. Pix: é hora de um novo avanço no varejo

PARTE 3
Alternativas estratégicas do varejo pós-pandemia

98. Como a pandemia transforma de vez o varejo. E para melhor

104. Varejo: muito além do preço baixo

110. Como fica a loja física no mundo pós-pandemia?

116. A "arma secreta" para o engajamento com o cliente

122. CRM, uma arma estratégica

128. O grande risco da inovação

132. O desafio da liderança na transformação digital do varejo

138. Perspectivas para a evolução do *e-commerce* e a transformação do varejo

144. Transformação digital: ainda vem muito mais por aí

149. Epílogo

150. Oito lições obrigatórias da NRF 2022 para o varejo pós-pandemia

160. O Metaverso vem aí: você está preparado?

166. Conheça o autor

PREFÁCIO

Para mim é um grande prazer poder escrever este prefácio para meu sócio e amigo Eduardo Terra, com quem venho dividindo uma rica jornada de exploração e decodificação da transformação do varejo nos últimos oito anos. Nós nos aproximamos em 2014 e, desde então, temos levado grandes grupos de executivos e CEOs das principais empresas de varejo do Brasil para a convenção da NRF e para a Europa.

A partir de 2016, desbravamos o Vale do Silício; em 2017, começamos a ir para a China e, a partir de 2018, para Israel, sempre em busca de inspiração e *insights* para provocar e estimular lideranças e empresas do varejo brasileiro em sua visão de futuro, aceleração digital e transformação do negócio. Fundamos a BTR-Varese para promover programas internacionais e curadoria de conteúdo estratégico para o varejo.

Também tive o privilégio de participar, em 2014, da fundação da Sociedade Brasileira de Varejo e Consumo (SBVC), da qual o Eduardo está presidente e eu estou vice-presidente e membro do conselho deliberativo.

Por meio da SBVC, nos desafiamos a tentar organizar as informações e dados secundários do varejo brasileiro e a contribuir no entendimento da estrutura, tendências e movimentos das principais empresas, por meio de estudos proprietários e análises.

O varejo vem passando pela mais profunda e intensa transformação de sua história. O chamado varejo moderno começou com as grandes lojas de departamentos no século XIX e passou a ganhar forma após a II Guerra Mundial, com a expansão do autosserviço alimentar (supermercados), shopping centers e *franchising*. Vieram então os movimentos de internacionalização, as grandes superfícies especializadas, até chegarmos ao *e-commerce* a partir da segunda metade dos anos 1990.

O Brasil teve o desenvolvimento de seu varejo em ciclos de mudança estrutural, que abordei no meu livro "Varejo e Brasil: Reflexões Estratégicas": tivemos o ciclo pré-abertura e Plano Real (até 1993); o Pós-Real (1994-2002); o do Boom de Consumo (2003-2012); o de Maturidade e Produtividade (2013-2019); e o de Transformação Digital (a partir de 2020). A cada ciclo houve amadurecimento, aumento de competitividade e mudanças estruturais no varejo brasileiro, que progressivamente encurtaram a distância em termos de formatos, processos, produtividade e aplicação de tecnologia em relação a mercados mais maduros.

Estamos vivendo hoje o ciclo de transformação digital, que se tornou central na agenda estratégica das empresas. A pandemia provocou uma brutal aceleração digital dos negócios, impulsionada por consumidores com limitações de circulação em busca de alternativas para suas compras; e por empresas de varejo limitadas ou impedidas em suas operações físicas tradicionais. No biênio 2020/2021 gerou-se um círculo virtuoso, no qual houve forte aumento da penetração digital no varejo em todo o mundo, com a descoberta e difusão de novos canais e modalidades de venda.

A aceleração digital vem refinando a consciência, por parte das empresas e seus líderes, sobre a essência no processo de transformação: trata-se de uma evolução cultural e organizacional, pela qual o varejo deixa de ser guiado por produtos e operações e passa a ser orientado a clientes e dados, com novos processos e uso de tecnologia para transformar a relação com o consumidor.

De um lado, foram descobertas novas formas de capturar, engajar e ativar clientes, novos canais, um novo papel para a loja física, a crescente relevância de tecnologia e *supply chain* e o peso dos *marketplaces* e ecossistemas. De outro lado, ficam explícitos os limitadores de infraestrutura, sistemas, processos, indicadores e cultura para que haja a efetiva transformação do negócio.

Durante a pandemia, o varejo descobriu que pode funcionar como uma *startup* e uma empresa nativa digital, mas será desafiador escalar a agenda sem alinhamento estratégico, investimentos em infraestrutura, papel ativo da liderança e novos indicadores e modelos de gestão.

A China é o mercado onde o varejo viveu o mais efetivo processo de transformação, que incluiu também a cadeia de meios de pagamento, crédito e serviços financeiros. O processo teve seu ciclo mais intenso entre 2010 e 2017 e foi liderado pelos ecossistemas de negócio. Tais modelos escalaram exponencialmente plataformas de varejo físico e digital, *marketplaces*, pagamentos, crédito, serviços financeiros, mídia, conteúdo e entretenimento, a partir de tecnologias e infraestrutura proprietárias.

Suas origens distintas apresentam convergência na capacidade de dominar grandes bases de clientes, extrair dados, entender jornadas, dores e demandas e crescer com ativos de terceiros. O varejo orientado a clientes e dados ganhou forma na China e os ecossistemas passaram a investir, adquirir e desenvolver diversos negócios de varejo como parte fundamental dos modelos, redefinindo o papel da loja física.

O Brasil possui cultura, história e ambiente regulatório diferentes da China e terá seu próprio percurso, mas a expansão dos *marketplaces* e a tentativa de criação de ecossistemas (generalistas ou especializados) que dominem o varejo brasileiro pelo conhecimento que possuem dos clientes, dados, tráfego e recorrência será um elemento desafiador para todas as empresas do setor.

Estamos vivendo um ciclo de transformação que desafia empresas e líderes. O papel da liderança nunca foi tão complexo e a capacidade de equilibrar diversas agendas e orquestrar competências, protegendo legado e desafiando cultura e modelo de negócio, desafia os profissionais do varejo.

Este livro do Eduardo traz diversas contribuições e provocações para o pensamento estratégico e a agenda de transformação do mercado brasileiro. Em formato leve, como uma coletânea de artigos concisos e objetivos, o livro aborda os principais pontos que desafiam líderes e organizações para o futuro. Por isso, é um ótimo guia para estimular reflexões e discussões e repassar pontos que precisam ser conectados na agenda estratégica dos negócios.

Alberto Serrentino
Fundador da Varese Retail

Apresentação

Em março de 2020, o varejo brasileiro e o mundial entraram definitivamente em um novo momento. Não é nenhum exagero dizer que a pandemia foi um divisor de águas: se antes a transformação digital, a flexibilidade e a personalização do relacionamento com o cliente avançavam aos poucos, a regra passou a ser mudar rápido, corrigir a rota enquanto se constrói o futuro e preparar os negócios para lidar com consumidores totalmente diferentes.

O "velho normal", do varejo pré-pandemia, não volta nunca mais. Estamos em um momento de transformação, rumo a um futuro que não se sabe exatamente como será, mas que, com certeza, exigirá empresas mais resilientes, profissionais empoderados para lidar com o consumidor e uso intensivo de tecnologia. A personalização e a integração *omnichannel* entraram de vez para as preocupações estratégicas das empresas, e o futuro será ainda mais digitalizado.

Como membro do Conselho de Administração de várias empresas ligadas ao ecossistema de varejo, como acadêmico e, especialmente, como um apaixonado pelo varejo, vejo este momento com muito otimismo. Sim, estamos vivendo um período desafiador, em meio a uma tragédia humanitária sem precedentes na nossa História. Sem ignorar que o País poderia estar em uma situação bem melhor, porém precisamos buscar os caminhos para acelerar nossa adaptação a uma nova realidade.

Neste livro, trago textos, artigos e anotações escritos nos últimos dois anos, em meio à pandemia. São reflexões sobre o presente do varejo, mas também são *insights* sobre como podemos aproveitar este momento para preparar um futuro melhor. Um futuro focado no cliente, dirigido pelo uso de dados e repleto de oportunidades para quem avançar firme em sua transformação digital.

Boa leitura.

Eduardo Terra

11 VAREJO: UM MUNDO EM TRANSFORMAÇÃO

A inspiração que vem do outro lado do mundo

A China traz lições para o varejo brasileiro, mas nem tudo o que acontece lá pode ser aplicado totalmente aqui.

O mercado chinês tem sido o epicentro da inovação do varejo mundial. Em nenhum outro lugar do mundo temos visto tanta coisa acontecendo ao mesmo tempo em um ambiente tão competitivo. A cultura local e a história milenar explicam boa parte desse *drive* de inovação incessante, que cria um ambiente único para a transformação digital dos negócios.

Nos últimos anos (pré-pandemia), tenho ido constantemente à China com meu sócio Alberto Serrentino e levado varejistas para conhecer diferentes modelos de negócios no país. São mergulhos repletos de inspirações e *insights*, vislumbres de um futuro que está cada vez mais próximo da realidade brasileira. O varejo chinês é único, mas, ao mesmo tempo, traz uma série de inspirações para nós.

A evolução do varejo começou, há alguns anos, a criar modelos de negócios inovadores. Como a China tem a incrível capacidade de dar saltos evolutivos a partir de sua capacidade de inovação, conseguiu sair, por exemplo, do dinheiro para os pagamentos digitais, sem passar pelo cartão de crédito. No resto do mundo, a disrupção acaba sendo menor, pela força dos *players* já atuantes.

Existem, porém, seis pontos que incentivam a transformação do varejo e que são possíveis para a realidade brasileira. Esses seis pontos já deveriam estar na agenda estratégica das empresas:

1. MOBILIDADE EXPONENCIAL

O *smartphone* mudou completamente a relação dos consumidores com marcas, produtos e serviços. Ele é a janela para um mundo muito mais digitalizado. O Brasil conta com aproximadamente 440 milhões de *smartphones* e computadores, 82,7% dos domicílios brasileiros têm acesso à internet e as classes D e E correspondem a 64% desse público. A pandemia só tem sido o empurrão final: o WhatsApp tem aproximadamente 120 milhões de usuários e, com a crise, virou um canal essencial na comunicação das marcas com os clientes.

Sem a mobilidade, não teríamos a infraestrutura básica para a transformação digital dos negócios. Simples assim.

2. PAGAMENTOS DIGITAIS

A mobilidade exponencial foi o que viabilizou a revolução dos pagamentos digitais, que na China potencializou o alcance de Alibaba e Tencent e permitiu um relacionamento muito mais intenso com os consumidores. As plataformas Alipay e WeChat Pay estão presentes em múltiplos micromomentos da vida dos clientes e, com isso, trazem uma infinidade de dados relevantes sobre comportamento e consumo.

No Brasil, as *fintechs* têm movimentado o setor financeiro e o PIX, sistema de pagamentos instantâneos do Banco Central, que entrou em operação em novembro de 2020, é um verdadeiro divisor de águas. Com ele, teremos por aqui algo cada vez mais muito semelhante ao que já acontece na China: transações instantâneas B2B, B2C e C2C, reduzindo a complexidade do sistema bancário, abrindo espaço para mais inovação e diminuindo custos para as empresas.

3. CROSS BORDER

O varejo *cross border*, que ultrapassa fronteiras de países, é uma agenda importante para o mercado brasileiro. O *cross border* no Brasil cresceu 76% em faturamento no ano de 2020, representando 21% do *e-commerce* brasileiro e movimentando 22,7 bilhões de reais.

Outra pesquisa do eMarketer mostra que 70% dos varejistas que operam o *e-commerce cross border* no mundo disseram que essa operação é rentável.

Até agora, porém, o *cross border* tem sido visto muito mais como uma ameaça, pela concorrência com empresas asiáticas (como AliExpress, Shein e Shopee) e americanas (Amazon, Wish eBay). Ele, no entanto, pode ser uma imensa oportunidade de crescimento. O consumidor chinês consome marcas de todo o mundo a partir de *marketplaces* e as marcas brasileiras ainda aproveitam muito pouco essa chance de vender para um público ávido.

Na plataforma chinesa Tmall, hoje o maior *marketplace cross border* da China, 75% das marcas mais valiosas do mundo estão presentes, vendendo seus produtos para os consumidores daquele país. Existem, entretanto, apenas cerca de 15 marcas brasileiras na plataforma, entre as quais Havaianas, Ipanema, Melissa, Bibi Calçados e Tramontina. Isso mostra o tamanho do *gap* e do mercado potencial a ser alcançado.

O *cross border* "para fora" também tem vantagens fiscais e tributárias, como a isenção de impostos dependendo do valor do produto (cada país tem uma regra específica). Até agora, a presença de marcas brasileiras na China é tímida. Vale a pena buscar parceiros e testar o mercado local.

4. USO INTENSIVO DE DADOS

A mobilidade exponencial e os pagamentos digitais aceleram ainda mais a coleta de dados dos clientes. A análise desses dados e sua aplicação para a geração de *insights* permite mudar o foco das empresas, de produtos para clientes, e ultrapassar fronteiras de canais e negócios.

A discussão sobre *customer centricity* não é nova, mas só pode ser totalmente viabilizada pelo uso de dados, que é exponencializada pela digitalização dos negócios. Quanto mais o varejo se digitaliza, mais consegue capturar dados e gerar *insights* sobre os consumidores. Com isso, oferece produtos, serviços e ofertas melhores e consegue se tornar mais relevante.

Durante a pandemia conseguimos evoluir nesse aspecto. Os dados começaram a se transformar de fato em informações; as informações em decisões; e as decisões em resultados. Ainda temos muito a avançar na jornada para transformar dados em resultados, mas, sem dúvida, caminhamos muito.

5. ECOSSISTEMAS

O resultado do uso intensivo de dados e do foco nos consumidores é o desenvolvimento de ecossistemas diversificados que integram varejo, mídia, serviços financeiros, pagamentos, logística e entretenimento.

Para as empresas capazes de se desenvolver como ecossistemas, não faz sentido pensar nos limites de categorias de produtos ou canais. Focadas nos clientes, o que elas buscam é aproveitar as oportunidades de relacionamento com os consumidores para entregar soluções relevantes para eles. Ao fazer isso, deixam de concorrer com outras empresas e passam a competir pela atenção dos clientes. É um *mindset* completamente diferente. Passamos a ter um novo modelo de negócios, no qual a cooperação passa a ser um conceito chave.

6. O NOVO PAPEL DA LOJA

Como fica a loja física em um mundo cada vez mais digital? Ela se torna ainda mais relevante. Em vez de se limitar a um local de transações, a nova loja é também uma plataforma logística, um espaço para captação de clientes, de coleta de dados e de experiências. Quando essa loja física está integrada ao digital, potencializa as possibilidades de conhecimento do cliente e de relacionamento com ele.

Para o consumidor, nunca existiu o conceito de "canal": a marca sempre foi uma só, independentemente de ser acessada *online* ou *offline*. Com lojas físicas digitalizadas, o varejo ganha o poder de enxergar o consumidor como um só. Como sempre deveria ter sido.

Conhecer o varejo chinês é observar um futuro possível para as empresas brasileiras. A arquitetura desse *New Retail* (para usar a expressão criada por Jack Ma, do Alibaba) é uma revolução que está ao nosso alcance. Para isso, é preciso ousar fazer diferente. Repensar os negócios para exponencializar seu crescimento. Durante a pandemia, o fluxo loja-consumidor se inverteu; não é mais o cliente que vai até a loja, é a loja que vai até o cliente.

A era da aceleração do varejo

Digitalização dos negócios ganha velocidade na crise, mas isso é só uma amostra do que vem por aí.

Com praticamente dois anos de pandemia no Brasil, é possível chegar a algumas conclusões importantes sobre os efeitos da crise no varejo. Mais do que olhar para trás e pensar na grande tragédia humana que passamos, também podemos identificar alguns fatores de sucesso para essa nova realidade empresarial em que passamos a viver.

Embora já estivéssemos vivendo um movimento de aceleração digital dos negócios, a pandemia fez com que o varejo avançasse anos em questão de meses. E isso não é nenhum exagero ou força de expressão: nas conversas que tenho com varejistas, é comum ouvir que projetos de digitalização que estavam previstos para 2023 ou 2024 foram iniciados em 2020. A crise trouxe um forte senso de urgência e colocou o digital como a prioridade máxima das empresas.

A Covid-19 foi o grande líder da transformação digital nas empresas. O vírus obrigou cerca de dois terços do varejo a baixar as portas por alguns meses e forçou um repensar que foi bastante positivo. A conclusão é que existe hoje uma grande diferença entre "loja física" e "ponto de venda".

Se há algum tempo não havia diferença entre essas duas expressões, com a digitalização o varejo entendeu que o ponto de venda está onde o cliente quer: no celular, no *site*, na rede social, no aplicativo, no *marketplace*, no WhatsApp... e até mesmo na loja física. Entender essa nova realidade muda o atendimento ao cliente, a integração dos estoques, o treinamento das equipes, a remuneração dos vendedores, os indicadores de desempenho e o relacionamento com o consumidor.

O cliente, por sinal, já estava pronto para esta mudança. Afinal de contas, o consumidor já era mais digitalizado que as empresas. Prova disso é que a digitalização dos negócios encontrou uma enorme aceitação dos clientes, mesmo em segmentos que continuaram abertos ou que eram pouco digitalizados, como supermercados e materiais de construção.

Alguns números divulgados pelo relatório Webshoppers, do Ebit | Nielsen[1] ajudam a entender o tamanho da aceleração da digitalização do varejo:

- Foram realizadas 53,4 bilhões em vendas no *e-commerce* no primeiro semestre de 2021;

- Houve um aumento na quantidade de consumidores no *e-commerce* chegando a 42 milhões no primeiro semestre de 2021, no entanto, houve uma desaceleração em novos consumidores devido aos impactos da pandemia.

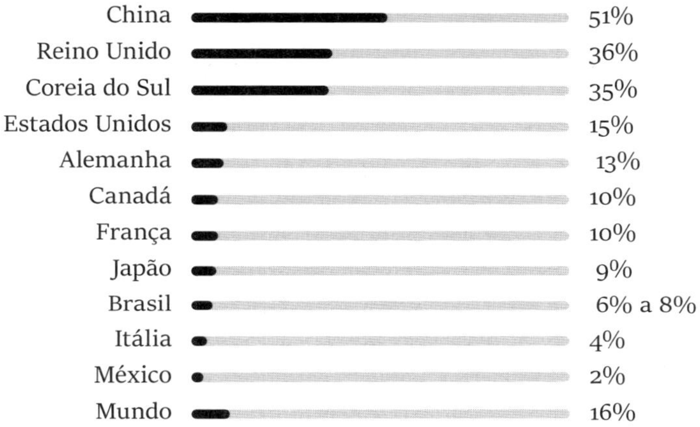

China	▬▬▬▬▬▬▬▬	51%
Reino Unido	▬▬▬▬▬	36%
Coreia do Sul	▬▬▬▬▬	35%
Estados Unidos	▬▬	15%
Alemanha	▬	13%
Canadá	▬	10%
França	▬	10%
Japão	▬	9%
Brasil	▬	6% a 8%
Itália	•	4%
México	•	2%
Mundo	▬	16%

Fontes: Euromonitor (Mundo), SBVC e E-bit/Nielsen Brasil (Brasil), J.P. Morgan (México), eMarketer (EUA, China, Coreia do Sul, Canadá, França, Japão, Alemanha e Itália), UK (dados oficiais do Governo).

[1] Para acessar o Relatório Webshoppers Ebit|Nielsen, aponte a câmera do seu *smartphone* para este *QR Code* e abra o *link* no navegador de sua preferência.

O início de um novo tempo

E isso é somente o início. Mesmo com toda essa movimentação, estimamos que o *e-commerce* brasileiro ainda não representa 10% das vendas totais do varejo. Na China, por exemplo, esse índice é de mais de 50% e no Reino Unido, de 36%. Em 2020 e 2021, vimos os primeiros efeitos de uma profunda mudança na jornada de compra dos clientes. Um processo que está apenas começando e que não tem volta.

Para lidar com essa nova realidade, o varejo precisa adotar uma nova mentalidade. Acabou o tempo de fazer planejamentos de longuíssimo prazo, com grande nível de detalhamento e projetos de grande porte. Estamos, afinal de contas, vivendo em um novo tempo, que vem sendo chamado de BANI – frágil, ansioso, não-linear e incompreensível, na sigla em inglês.

Para entender este novo tempo, recomendo que você tenha o autor Nassim Taleb como referência. O autor de "A lógica do cisne negro" e "Antifrágil" mostra em seus livros que a chave para ser bem-sucedido em um mundo digitalizado não é a rigidez das estruturas, e sim a "antifragilidade": a capacidade de entender rapidamente as mudanças, aprender com elas e reajustar a direção das velas. Para isso, as empresas precisam adquirir novas habilidades, típicas das *startups*:

- **Compreensão:** as empresas precisam se adaptar ao ambiente em que atuam, em vez de esperar que o ambiente se adapte a elas. A realidade é dada pelo que acontece fora da empresa e os negócios precisam se posicionar em função dessa realidade.

- **Aprender:** uma vez que as empresas entendem que não conseguem mais controlar as mudanças, elas passam a aprender com o que acontece no mercado. É preciso assumir uma postura de aprendizado contínuo, em que as verdades têm prazo de validade.

- **Mudar:** entender o ambiente e aprender com as mudanças são passos para desenvolver mudanças, adaptações às novas realidades do mercado.

- **Velocidade:** esse é o aspecto mais importante de todos. Além de entender as transformações e mudar processos, tecnologias e posturas, é preciso fazer tudo isso no *timing* correto. Não adianta entregar a árvore de Natal no dia 26 de dezembro.

Fazer a transformação para este novo tempo exige uma mudança de cultura. Não importa qual seja seu tamanho, as empresas de varejo precisam agir como *startups*: experimentar sempre, ouvir o mercado, testar alternativas, aprender com os erros e adotar rapidamente os acertos.

Essa é a base do crescimento exponencial. Em seu livro "Organizações exponenciais", Salim Ismail mostra que empresas que assumem a cultura das *startups* criam negócios que começam pequeno, erram muito e aprendem com as falhas, para então acertar e crescer aceleradamente.

Se não é você quem está crescendo exponencialmente, é hora de você ficar preocupado: em algum lugar, algum concorrente está prestes a mudar os alicerces do seu negócio. E se você não tiver capacidade de adaptação e velocidade para mudar, acabará ficando pelo caminho.

Prepare-se para esta era de aceleração do varejo.

O binômio da evolução do varejo

Digitalização dos negócios e aceleração da abertura de capital mudam patamar das varejistas brasileiras.

Não é nenhum exagero dizer que o varejo, em 2020, evoluiu anos no que se refere à transformação digital dos negócios. Os números mostram o tamanho da transformação. A edição 2021 do Ranking 300 Maiores Empresas do Varejo Brasileiro da Sociedade Brasileira de Varejo e Consumo (SBVC)[2], com números consolidados de 2020, é a radiografia mais completa que temos do que era o varejo pré-Covid. E, nele, vemos indicadores marcantes da transformação do setor.

Como era de se esperar, houve uma grande aceleração digital durante a pandemia. Na edição do fim de 2019, 162 das 300 empresas (54%) tinham um *e-commerce* em operação. No final de 2020, esse número subiu para 210 (70% do total de varejistas).

[2] Para acessar o Ranking 300 Maiores Empresas do Varejo Brasileiro da SBVC - ed. 2021, aponte a câmera do seu *smartphone* para este *QR Code* e abra o *link* no navegador de sua preferência.

O número de 2019 já representava uma evolução em relação às 27 varejistas do ano anterior, mas o ano de 2020 representa um ponto de inflexão: fecharemos 2021 não somente com uma quantidade muito maior de empresas *online* (acredito em cerca de 90% das 300 maiores), como também a participação do *e-commerce* no faturamento dessas varejistas será muito mais relevante. Um bom exemplo é a Lojas Americanas, que movimentou R$ 10,9 bilhões pelos canais digitais em 2020, o que representa 39,3% de todo o faturamento da companhia. O digital vem se tornando cada vez mais importante para impulsionar o relacionamento com o cliente, as vendas e os resultados das empresas.

Um outro aspecto dessa rápida digitalização do varejo brasileiro é a evolução dos *marketplaces*. A atual crise fez com que milhares de varejistas, de todos os portes, buscassem novas maneiras de alcançar os clientes, potencializando os *marketplaces*. Para o futuro, a regra é clara: ou você será um *marketplace*, ou fará parte de um, ou de alguns.

Há um outro aspecto importante da evolução do varejo no ano de 2021, que também está indicado no *ranking* da SBVC: a abertura de capital das empresas do setor. Das 300 maiores empresas do varejo brasileiro, 42 estavam listadas na Bolsa ao final de 2020, somando 47,03% do faturamento das 300 maiores. O setor de Moda, Calçados e Artigos Esportivos era o que tinha mais empresas de capital aberto, com 13.

Em 2020, a queda dos juros aumentou a procura dos investidores por novas oportunidades, ampliou os recursos disponíveis na Bolsa de Valores e estimulou as empresas a abrir capital para capitalizar suas operações e preparar o crescimento futuro. Nos últimos cinco meses de 2020, o número de IPOs de varejistas[3] já efetuados ou em andamento no mercado brasileiro (16) foi semelhante ao dos 15 anos anteriores somados (17).

³ Para acessar o número de IPOs de varejistas [...], aponte a câmera do seu *smartphone* para este *QR Code* e abra o *link* no navegador de sua preferência.

Esse também é um movimento muito positivo para o varejo brasileiro. A abertura de capital exige que as empresas tenham um grau mais avançado de governança, respeitando padrões internacionais de transparência, ética e responsabilidade. Os IPOs representam não somente uma grande oportunidade de preparação das empresas para o crescimento, mas também um amadurecimento nas práticas de gestão do setor.

Em todo o mundo, a expansão das maiores empresas do varejo tem sido marcada pela digitalização de seus negócios e pela adoção das melhores práticas de governança. No Brasil, 2020 marcou definitivamente o início de uma nova fase de desenvolvimento no setor.

A digitalização do varejo não tem *glamour*

Em vez de holofotes, um trabalho de formiguinha: a transformação digital em cinco alicerces.

Um dos grandes equívocos que as empresas cometem em sua transformação digital é basear as mudanças em projetos de grande impacto, que geram manchetes na imprensa e comentários elogiosos de parceiros e concorrentes. É claro que é ótimo ter reconhecimento público por um trabalho bem-feito, mas a experiência que temos com transformações bem-sucedidas mostra que, na maioria dos casos, o sucesso vem de um trabalho de formiguinha.

Criar um *lab* de inovação é maravilhoso, porque é algo tangível. Mas ele não pode ser o início de uma jornada. Um *lab*, um *superapp* ou outra ação vistosa é, na verdade, o telhado ou a pintura da casa. Sem um alicerce muito bem estabelecido, nada acontece. Como na construção, o alicerce da transformação digital tem pouco *glamour*, mas é o fundamento para qualquer obra.

E quais são os alicerces da digitalização do varejo?

1. SEGURANÇA DE DADOS

Hoje em dia, o varejo é movido a dados. Por isso, a segurança da informação deve ser uma prioridade absoluta. As medidas a serem tomadas não têm lá muito charme, mas são necessárias: adote sistemas de proteção e crie uma cultura de uso seguro dos dados. Isso passa por evitar o uso de senhas fáceis, adotar práticas básicas de segurança (como não revelar sua senha para ninguém ou não usar computadores públicos) e disseminar práticas seguras na empresa. Infelizmente tivemos diversos episódios recentes de ataques e vazamentos de dados em empresas de varejo e a tendência é que este quadro piore.

2. GOVERNANÇA DE DADOS

Não basta proteger os dados: é preciso adotar boas práticas de governança das informações. Como os dados dos clientes serão armazenados? Como serão protegidos? Com que parceiros e em que condições serão compartilhados? Temos visto, recentemente, diversos casos públicos de ataques a empresas de varejo com consequências graves para a imagem, a operação e com prejuízos financeiros grandes. Quem é responsável pelas informações coletadas e por sua análise?

Todo o varejo precisa se adequar à Lei Geral de Proteção de Dados (LGPD) e essa é uma grande oportunidade para desenvolver sua governança de dados. Embora a lei tenha entrado em vigor em setembro de 2020, muitas empresas ainda não estão completamente adaptadas. É hora de colocar o pé no acelerador.

3. CONSTRUA SEU *DATA LAKE*

Um *data lake* é um grande repositório de dados que pode ser trabalhado pelos diferentes departamentos da empresa. A grande vantagem de ter um *data lake* é fazer com que todo o negócio tenha uma única "fonte da verdade". Assim, em vez de informações dispersas em vários sistemas e bancos de dados, todos na empresa acessam o mesmo dado.

Quando o varejista tem um *data lake*, ele deixa de ver o cliente de forma parcial. Como todos na empresa acessam as mesmas informações, todos têm a mesma visão sobre o consumidor e toda decisão está mais bem fundamentada. Em um varejo baseado em dados, esse é um passo essencial, que deve ser priorizado pela direção-geral da empresa.

4. REVISE SUA ARQUITETURA DE TECNOLOGIA

O varejo tradicional possui na grande maioria dos casos uma arquitetura de tecnologia ultrapassada, pesada, que não favorece a integração das diversas aplicações que a digitalização traz e passa a se tornar um grande gargalo da agenda de transformação digital.

A mudança de arquitetura demanda coragem, é equivalente a trocarmos os canos de nossas casas ou da cidade. Algo que não aparece muito, mas quando não fazemos, não criamos as condições para que a agenda de transformação aconteça.

5. DESENVOLVA UMA CULTURA DE INOVAÇÃO

Todo mundo deseja ser visto como inovador. Mais importante que isso, porém, é desenvolver uma cultura que estimule o desenvolvimento constante de inovações focadas nas necessidades dos clientes. Para isso, é preciso mudar métricas, sistemas de remuneração, estruturas de gestão e processos de trabalho.

- **Métricas:** sem ter métricas que estimulem a criação de inovações e mostrem os resultados obtidos, a inovação não acontece. Um exemplo é medir qual é a participação de novos produtos (lançados nos últimos 12 meses) no faturamento, ou qual é o *share* de pedidos *online* enviados a partir das lojas físicas (*ship from store*).

- **Sistemas de recompensa:** as pessoas são movidas pelos estímulos que recebem. Por isso, os sistemas de remuneração precisam impulsionar a adoção de inovações. Se o vendedor da loja física só é remunerado pelos pedidos fechados no PDV, ele não tem estímulo algum para direcionar o cliente para o *site*.

- **Estruturas organizacionais:** os sistemas de tomada de decisão precisam ser ágeis para lidar com o ritmo da inovação. Se qualquer teste exigir uma reunião da diretoria para ser aprovado, a empresa ficará travada. A gestão precisa empoderar as equipes para agir de forma autônoma, dentro de certos limites. Um bom exemplo é a política de "*two-way door*" da Amazon: tudo pode ser testado, desde que, se houver qualquer problema, a mudança seja rapidamente revertida.

- **Processos de trabalho:** burocracia, hierarquia e lentidão não combinam com inovação. Boas ideias surgem a partir de equipes multifuncionais, que analisam problemas a partir de diversas óticas e trazem soluções que são testadas rapidamente. O que não funciona é descartado. O que funciona vai sendo refinado em um modelo de aperfeiçoamento constante. Em empresas inovadoras, nada é definitivo e tudo deve ser melhorado.

Dê passos pequenos, mas ande depressa

Para inovar, é preciso testar sempre. Para realizar testes rápidos e constantes, que gerem sucessivas melhorias, não é mais possível criar grandes projetos monolíticos, que dependem de cronogramas rígidos e da alocação de grandes equipes. O modelo ágil, de pequenas equipes multifuncionais, que se moldam às necessidades do momento para construir testes rápidos, traz mais resultados.

A ideia é simples: teste muito, aprenda bastante, erre logo e dê escala rapidamente ao que funciona. A empresa inovadora é um motor de ideias, que são rapidamente testadas até que se encontre o que funciona naquele momento para o consumidor.

Perceba que todos esses pontos que elenquei acontecem "da porta para dentro". São alterações estruturais e culturais, que não exigem a criação de um departamento de inovação, ou a construção de um *lab* com cara de *startup*. Ser uma empresa com inovação no DNA começa em saber por que inovar (para entregar soluções para o cliente) e como inovar (rapidamente, testando novas ideias com frequência). Por isso, sua jornada de transformação depende muito mais de uma mudança de cultura do que de investimento em tecnologia.

Caminhos complementares da transformação digital do varejo

O avanço da transformação digital tem sido sem precedentes. Saiba como aproveitar as oportunidades que foram criadas na pandemia.

Estamos vivenciando um momento de transformações inéditas na história do varejo. Esse é, realmente, um daqueles casos de oportunidades em meio à crise. A revolução é grande na forma de relacionamento com os consumidores e no uso de tecnologia para viabilizar as mudanças. Nesta parte do livro, quero listar alguns temas relevantes e complementares da agenda de transformação do varejo.

1. A DIGITALIZAÇÃO DOS MEIOS DE PAGAMENTO
Nesta crise, os pagamentos móveis via *app* tiveram forte expansão, o que deve continuar depois que sairmos da pandemia. Um estudo da SBVC mostra que o consumidor acelerou seu comportamento digital e 62%[4] das empresas mudaram sua estratégia de meios de pagamento durante a pandemia.

> [4] Para acessar o estudo Panoramas dos meios de pagamento, da SBVC, aponte a câmera do seu *smartphone* para este *QR Code* e abra o *link* no navegador de sua preferência.

Carteiras digitais, parcerias com *marketplaces* e empresas de *cashback* e *QR Codes* se transformaram nas principais respostas do varejo durante a crise, o que é muito positivo, pois aumenta a formalização do mercado e permite alcançar a população desbancarizada.

Atualmente, 21% dos consumidores realizam pagamentos por meio de aplicativos, contra apenas 4% há dois anos. Atualmente, 62% das empresas oferecem esse recurso, quase cinco vezes mais que em 2018. A evolução do Pix no Brasil é o melhor exemplo desta revolução que estamos vivendo. Com a digitalização dos meios de pagamento, o varejo pode se fazer mais presente na vida dos clientes, oferecendo conveniência e praticidade para criar relacionamentos mais sólidos.

2. A Ressignificação da loja física

Como consequência da digitalização do relacionamento das empresas com os consumidores, o modelo tradicional de loja – em que o vendedor fica esperando o cliente entrar – não tem futuro. Agora, é a loja que precisa ir atrás do cliente, usando meios digitais, para fechar a venda. Não importa mais tanto se a transação é fechada no *site*, na loja física, no aplicativo ou no WhatsApp: o que importa é entregar o que o cliente precisa, da maneira como for melhor para ele.

Isso faz com que seja necessário ressignificar a loja física. O ponto de venda se torna um ponto de experiências, um ponto de ativação e um ponto de distribuição de produtos. Em um ambiente *omnichannel*, o cliente pode comprar *online* e retirar o produto na loja, ou a última milha pode ser feita a partir da loja física. A remuneração dos vendedores e dos franqueados tem de ser revista para lidar com isso.

Outro ponto importante dessa significação é o aumento da importância do propósito das marcas. Ficou claro que os consumidores passaram a valorizar aspectos como a responsabilidade socioambiental e até mesmo o posicionamento político dos executivos do varejo. O cliente quer se relacionar com marcas com quem possa se identificar. As marcas são, cada vez mais, uma forma de exprimir a personalidade do consumidor.

3. NOVOS HÁBITOS QUE PERMANECEM

Algumas semanas são suficientes para que novos hábitos sejam incorporados ao cotidiano. Por isso, é natural que os meios digitais ganhem espaço no dia a dia dos consumidores. Um outro estudo da SBVC, sobre os hábitos de consumo na pandemia, mostra que o risco de contaminação ao sair de casa fez com que os clientes usassem mais o *online*[5]: 61% dos consumidores que compraram *online* na quarentena aumentaram o volume de compras e, em 46% dos casos, aumentaram em mais de 50%.

A consequência é que o varejo *online*, que representava cerca de 4,5% do total do varejo antes da crise, teve um grande

---

[5] Para acessar o estudo Novos hábitos digitais em tempos de Covid-19, da SBVC, aponte a câmera do seu *smartphone* para este *QR Code* e abra o *link* no navegador de sua preferência.

aumento de participação. A praticidade de usar o celular para comprar de tudo leva a uma mudança real de comportamento. Empresas mais digitalizadas, capazes de reagir rapidamente às demandas dos consumidores, ficam em vantagem e serão mais relevantes na saída desta crise.

A intensidade da transformação digital do varejo nunca foi vista antes. Para lidar com a pandemia, muitas empresas abraçaram novas formas de fazer negócios e de se relacionar com os clientes. Isso traz lições que permanecerão muito depois que o coronavírus deixar de ser uma ameaça à saúde.

A transformação digital do varejo avançou tanto que o setor não voltará mais ao que era antes.

Por meio deste *QR Code*, você pode assistir ao vídeo "**Aceleração digital do varejo**", apresentado por Eduardo Terra, que complementa este artigo.

12 NOVOS VALORES PARA NOVOS TEMPOS

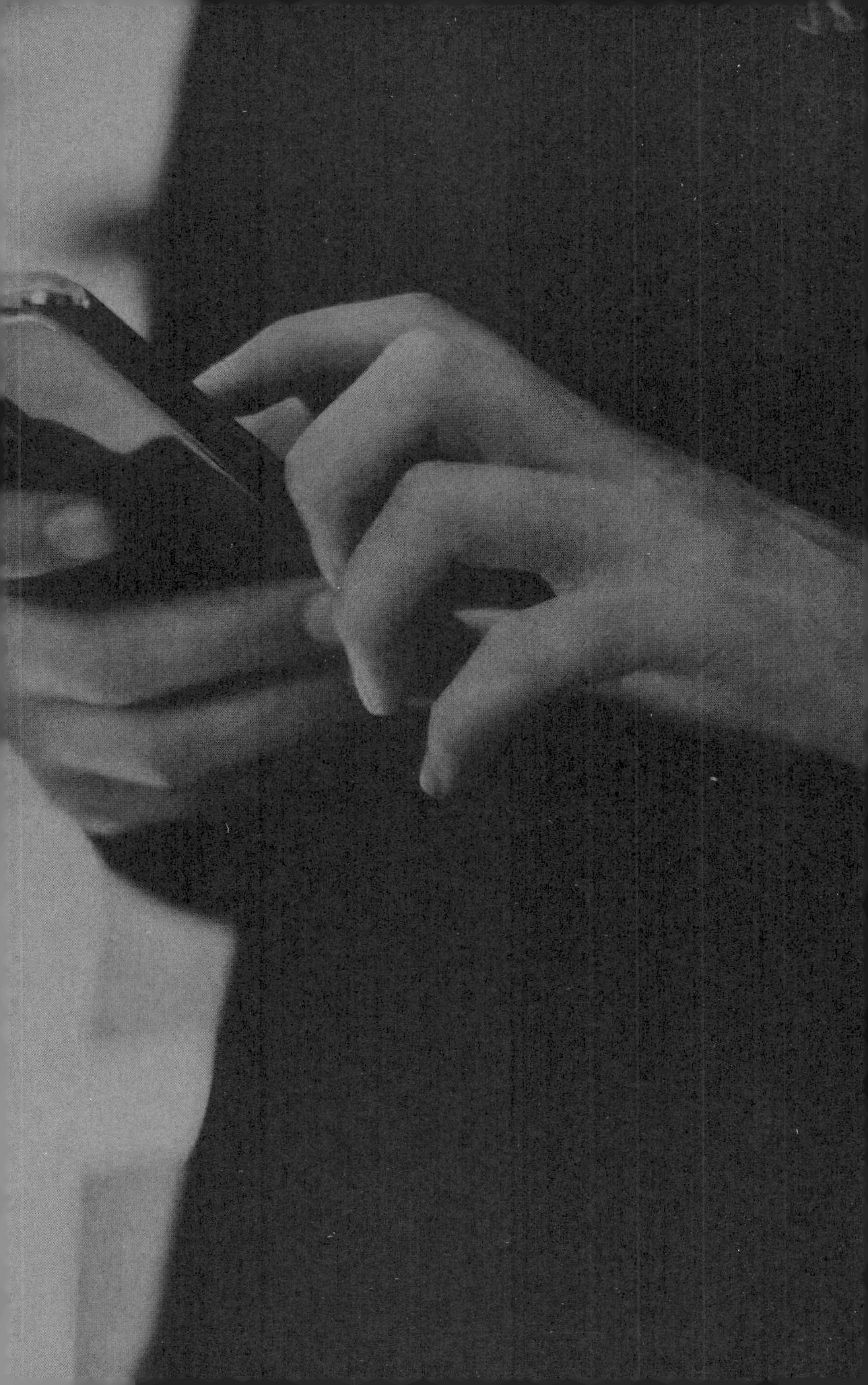

A nova dinâmica que transforma o varejo e o consumidor

A jornada de compras foi "virada do avesso" em meio à pandemia. Adaptar-se à nova dinâmica de compra dos clientes fará toda a diferença para o sucesso das empresas de consumo e de varejo.

A pandemia trouxe mudanças intensas, e em muitos casos definitivas, no comportamento dos consumidores. Hábitos que há muito tempo se mantinham tiveram que ser descartados, ou, pelo menos, temporariamente substituídos, e a jornada de compras, que já vinha passando por uma transformação gradual, foi modificada radicalmente.

O resultado é uma nova dinâmica no relacionamento dos consumidores com marcas, produtos e serviços. Adaptar-se a essa nova dinâmica faz toda a diferença para o sucesso das empresas neste pós-pandemia que estamos, aos poucos, vendo surgir no horizonte.

O "centro confuso" da nova jornada

Praticamente toda a literatura de *marketing* existente fala sobre uma jornada do consumidor composta, grosso modo, pelas fases de descoberta, consideração, avaliação e decisão de produtos. Nos tempos do varejo 100% físico, fazia sentido pensar nessa jornada como um funil de vendas: o processo ia reduzindo as possibilidades de escolha, afunilando até que a melhor decisão fosse tomada.

A digitalização dos negócios mudou completamente esta dinâmica. Com mais *smartphones* do que pessoas no Brasil, 83% dos brasileiros usando o WhatsApp em sua jornada de compras (segundo estudo da Accenture com o Facebook em agosto de 2020), acesso amplo a opiniões de terceiros e o impacto constante de marcas nas redes sociais, o consumidor tem inúmeras oportunidades de entrar em contato com diversas alternativas ao longo da jornada.

O resultado disso é o que o Google chama de "centro confuso"[6] da jornada de consumo. As decisões de compra são muito mais complexas do que o tradicional funil de vendas nos leva a crer: expostos 24 horas por dia a novos estímulos e informações, os consumidores podem repensar constantemente suas opções, fazendo com que as fases de consideração e avaliação se tornem um ciclo sem um fim pré-determinado. Ao mesmo tempo, uma vez que uma decisão tenha sido tomada, o consumidor pode concluir a transação de forma praticamente instantânea, onde quer que esteja.

O vírus da transformação

Esse movimento é viabilizado pelos *smartphones*, que, presentes a todo momento na vida dos consumidores, cria as condições para o acesso instantâneo a produtos e serviços. Mas, em 2020 e 2021, a pandemia acelerou o ritmo das mudanças, trazendo novas prioridades e redesenhando a jornada dos consumidores.

Um estudo realizado no ano passado pela Accenture[7] com consumidores em 15 países mostra que a Covid-19 teve um forte impacto nas prioridades dos clientes: aumentou a busca por itens de higiene e diminuiu a demanda

[6] Para acessar a pesquisa do Google sobre "centro confuso", aponte a câmera do seu *smartphone* para este *QR Code* e abra o *link* no navegador de sua preferência.

[7]Para acessar o Estudo da Accenture, aponte a câmera do seu *smartphone* para este QR Code e abra o *link* no navegador de sua preferência.

por vestuário, por exemplo. O mais importante é que boa parte desses comportamentos continuará após a pandemia: 64% dos entrevistados passaram a dedicar mais tempo aos cuidados pessoais e à saúde mental e 45% afirmam que querem fazer escolhas mais sustentáveis.

A crise revelou a importância dos meios digitais para a comunicação das marcas com os clientes. No Brasil, o WhatsApp passou a fazer parte da estratégia de ativação de clientes e houve um aumento de 84% no número de *downloads* de aplicativos de varejistas brasileiros, segundo a Goldman Sachs. As redes sociais também ganharam relevância: um estudo divulgado pela Oracle na NRF 2021 – Chapter One mostra que 48% dos consumidores descobriram novas marcas pelas redes na pandemia.

Com isso, a jornada de consumo se torna, definitivamente, um híbrido entre digital e físico. As redes sociais se tornaram um local importante de descoberta de marcas e produtos, somando-se aos mecanismos de busca, enquanto as lojas físicas continuam a ser importantes para tangibilizar as promessas da marca e dos produtos.

Mesmo quando isso acontece é preciso "proteger a experiência": varejistas que deixarem de lado os aspectos de proteção dos clientes, como o distanciamento social, o uso de álcool gel e a adoção de meios de pagamento sem contato, afastarão os clientes.

Nessa nova jornada de compras, o digital pode estar presente no ponto de venda físico. Ele deve estar presente, por sinal: a conexão entre *online* e *offline* aumenta a possibilidade de reconhecer o cliente e seus hábitos de consumo, facilitando o atendimento personalizado. Baseado em tecnologia, mas impulsionado pelo calor humano (ainda que de máscara) e com a possibilidade de entregar exatamente o que o cliente busca, no momento que ele quer.

Viabilizar essa integração da jornada exige, porém, uma mudança de *mindset* do varejo. Tradicionalmente focado em produtos e canais, o setor precisa, cada vez mais, ter como foco o consumidor e suas necessidades e desejos. A *customer centricity* precisa deixar de ser uma expressão elegante para se tornar uma mudança cultural. Que começa em uma visão bem definida pela gestão da empresa e se dissemina até os times das lojas.

Estamos vivendo o início de uma mudança importante no fluxo do relacionamento do varejo. Por muito tempo, o consumidor foi até a loja para conhecer o que tinha a seu dispor e comprar algo a partir do que estava disponível. Hoje, e cada vez mais, a loja é que precisa ir até o cliente para entregar aquilo que ele deseja. Você está preparado para este desafio?

Distribuição, abastecimento e *supply*: a próxima revolução do varejo

Se nas últimas décadas o foco esteve em simplificar a *supply chain*, agora é preciso mudar o foco e viabilizar a distribuição "de n para n".

Em toda discussão estratégica sobre o varejo, existe um tema que costuma ficar à sombra, e raramente recebe a luz que merece: o *supply*, o abastecimento e todo processo de distribuição no varejo. Entretanto, a transformação das cadeias de distribuição é uma questão fundamental para o sucesso da omnicanalidade. Trata-se de um tema pouco atraente, mas é nele que estão as grandes oportunidades de diferenciação e de entrega de uma experiência de consumo excepcional e grandes ganhos de produtividade e eficiência do varejo.

Nos últimos anos, o esforço dos varejistas em incluir novos canais de distribuição e eliminar o atrito entre eles tem gerado uma forte pressão na gestão do fluxo de compras, abastecimento e estoques. O aumento das expectativas dos consumidores sobre velocidade, conveniência e atendimento só torna o desafio ainda mais crucial.

Isso tudo obriga o varejo a mudar sua estratégia de distribuição em 180 graus. Se nas últimas décadas o varejo se preocupou em ter a estrutura de *supply chain* o mais simplificada possível, para aumentar a eficiência operacional e reduzir custos, agora é preciso abordar a questão de outra forma. Tradicionalmente, a cadeia de distribuição funcionava como uma linha de montagem, em que os produtos eram movidos da indústria para armazéns e dali para as lojas, de onde eram retirados para os clientes. Com o *e-commerce*, os CDs passaram a enviar os produtos diretamente para os consumidores, a partir de uma localização central. De "1 para n".

Uma logística *omnichannel*, porém, é infinitamente mais complexa. Os produtos podem ser enviados de várias maneiras, o que iremos chamar de "n para n".

- Do CD para os clientes;
- De uma loja física para os clientes;
- De várias lojas físicas para os clientes simultaneamente;
- De várias lojas para uma única, que cuida do *last mile*;
- Uso do estoque da loja para reserva de produtos a serem retirados pelos clientes (*click & collect*);
- Movimentação de produtos para uma loja próxima do cliente, para então acontecer o *click & collect*;
- *Dark store*s para processamento de pedidos *online* e envio para os clientes;
- Envio para *lockers*.

Quando acrescentadas as opções de logística reversa, a complexidade aumenta. O resultado é um imenso desafio estratégico para desenvolver operações enxutas, eficientes, ágeis e que entregam o que o consumidor deseja, na velocidade necessária.

Uma nova arquitetura para a distribuição e abastecimento

Um estudo divulgado na NRF 2021 mostra que 85% das empresas americanas de varejo acreditam que precisam de mudanças estratégicas na cadeia de suprimentos. No Brasil, devemos estar em um nível similar. E essas mudanças estratégicas só acontecerão a partir de uma nova arquitetura e abordagem de uso de dados.

Esta nova abordagem parte de três alicerces:

1. DATA LAKES

Os *data lakes* consolidam todos os dados coletados pela empresa sobre clientes, produtos e transações, eliminando os silos internos de informação e viabilizando uma visão mais completa sobre o consumidor. Com o uso de *data lakes*, todas as áreas da empresa partem das mesmas bases de dados, que são usadas pelos departamentos de acordo com suas necessidades específicas.

2. CLOUD COMPUTING:

A segunda grande base estratégica é a adoção das tecnologias de nuvem para aumentar a flexibilidade e a escalabilidade das aplicações e do armazenamento de informações. Tecnologias baseadas em *cloud* dão às empresas a velocidade necessária para testar novos conceitos, propor ideias e escalar rapidamente as aplicações que atenderem às demandas dos consumidores.

O uso conjunto de *data lakes* e *cloud computing* faz com que o *machine learning* - aprendizado das máquinas - e a Inteligência Artificial se tornem uma realidade acessível para o varejo. A coleta e armazenamento de grandes quantidades de dados, somada à flexibilidade de reconfiguração das cadeias de suprimentos, dá um novo poder ao varejo: o poder de entender e predizer o comportamento dos consumidores.

A computação em nuvem também traz um elemento de democratização da tecnologia para o varejo de pequeno e médio porte, que passa a ter acesso a tecnologias sem ter que investir em máquinas e servidores robustos como no passado. Muitas vezes pagando valores bastante acessíveis por mês no modelo de assinatura e com computadores relativamente simples, empresas menores conseguem rodar tecnologias e aplicações que antes demandavam altos investimentos e maiores riscos.

Com essa transformação estrutural que estamos vivendo nas cadeias de distribuição do varejo, *fulfillment* e *supply chain* deixam de ser temas táticos e passam a ser estratégicos para a evolução das empresas. A tecnologia ganha protagonismo nesse processo e cria uma nova espinha dorsal que viabiliza uma efetiva distribuição *omnichannel*.

Nos próximos anos, com a chegada do 5G, a distribuição no varejo passará para um novo patamar, com a adoção de tecnologias como robótica, *drones, blockchain*, visão computacional, Realidade Virtual/Aumentada, computação quântica e Internet das Coisas. É todo um novo cenário que se descortina. Um cenário que cria um varejo mais veloz, flexível e centrado no consumidor.

Um grande exemplo dessa verdadeira revolução que a *supply chain* tem passado é a Amazon. A empresa tem investido alguns bilhões de dólares em sua infraestrutura logística e de dados, fazendo com que todo o seu sistema de *supply* funcione de uma forma bem mais eficiente que seus competidores. Alguns dados reforçam isso.

De acordo com um documentário do canal de TV CNBC veiculado em dezembro de 2021, a Amazon passou a ser responsável por 72% de todas as entregas de vendas feitas na Amazon.com, versus apenas 47% em 2019. Ainda de acordo com o documentário, a empresa tem hoje em sua frota 95 aviões, 50 mil caminhões de transporte de *containers* e mais de 400 mil motoristas espalhados pelo mundo, sendo que atualmente um em cada 153 americanos trabalham para a Amazon. Dados impressionantes de uma empresa que vem revolucionando a maneira de pensar a *supply chain*.

3. NOVAS SOLUÇÕES E TECNOLOGIAS PARA *SUPPLY* E DISTRIBUIÇÃO

Cada vez mais encontramos soluções de tecnologia que em um ambiente de nuvem com dados mais organizados conseguem trazer a harmonia e a eficiência que o varejo precisa para uma nova fronteira neste tema de *supply*, abastecimento e distribuição. O WMS, o OMS e o TMS são três claros exemplos disso.

• O WMS (*Warehouse Management System*) consegue trazer a inteligência necessária e desejada no armazenamento dos produtos em diversos tipos de centros de distribuição e depósitos.

• O OMS (*Order Management System*) faz o papel de orquestração dos pedidos, colocando inteligência de onde um produto deverá sair após uma venda gerada em qualquer um dos canais, inteligência esta que leva em consideração aspectos como tempo de entrega, disponibilidade de estoque, tributação, custo de frete e outras questões.

• E finalmente o TMS (*Transportation Management System*) que oferece inteligência no processo de entrega, com soluções de otimização de rota e rastreamento do pedido, entre outras funcionalidades.

Este conjunto de tecnologias forma uma nova arquitetura de soluções cada vez mais essenciais para um varejo que se tornou muito complexo com a omnicanalidade.

Por meio deste *QR Code,* você pode assistir ao vídeo **"Novos modelos de planejamento de demanda, *fulfillment* e *supply chain"*,** apresentado por Eduardo Terra, que complementa este artigo.

Covid-19: o futuro da fidelidade e do engajamento do consumidor no varejo

> Consumidores aceleraram a migração de marcas em meio à pandemia; uso dos dados permite identificar novas possibilidades de fidelização dos clientes.

A Covid-19 gerou mudanças importantes nos hábitos dos consumidores. A "migração forçada" de clientes e de empresas para o mundo digital transformou as relações de consumo e acelerou, em questão de semanas, uma digitalização do varejo que demoraria anos para acontecer em condições normais, como já vimos nos textos anteriores. O impacto dessas mudanças sobre o engajamento e fidelidade dos consumidores tem sido intenso.

Nos Estados Unidos, um estudo da Salesforce apresentado na NRF 2021 – Chapter One[8] mostra que um terço dos consumi-

[8] Para saber o que de melhor aconteceu na edição virtual da NRF Big Show em 2021, aponte a câmera do seu *smartphone* para este *QR Code* e abra o *link* no navegador de sua preferência.

dores mudaram de marca desde o início da pandemia e que 80% deles pretendem continuar comprando das novas marcas. No Brasil, vimos movimentos inesperados de consumo, como aproveitar promoções da Black Friday para a compra de produtos essenciais[9]. Decifrar o comportamento do cliente ficou mais difícil, sem dúvida.

Um número importante apresentado na NRF 2021 – Chapter One e que aponta para uma solução para o desafio de entender o cliente: segundo a NetElixir, os consumidores que compraram *online* pela primeira vez durante a pandemia visitaram *sites* com uma frequência 16% maior que clientes frequentes, por causa da insegurança em comprar. Eles também passaram mais tempo pesquisando produtos e preços, percorrendo uma jornada de compras mais longa e, normalmente, fazendo uma primeira compra de valor menor.

Somente mais tarde, com o aumento da confiança na compra *online*, o cliente passa a fazer compras mais rapidamente e com maior tíquete médio.

A chave está nos dados

O aumento da digitalização das jornadas de compra traz um imenso benefício para o varejo. A possibilidade de identificar o cliente e analisar seu comportamento é cada vez maior e, com isso, empresas mais evoluídas em sua jornada digital aumentam sua possibilidade de fidelizar os clientes. Isso se dá a partir de três vetores:

[9] Para acessar o artigo sobre a Black Friday, aponte a câmera do seu *smartphone* para este *QR Code* e abra o *link* no navegador de sua preferência.

1. IDENTIFICAÇÃO DE COMPORTAMENTOS
A coleta e análise de dados dá ao varejo a possibilidade de ter uma visão mais completa e única sobre os consumidores.

2. ESTRATÉGIAS DE FIDELIDADE
A partir de uma visão integrada do comportamento dos clientes, o varejo se torna capaz de identificar como influenciar os consumidores em seus diversos momentos de consumo, melhorando sua capacidade de retenção, fidelidade e rentabilidade.

3. FLEXIBILIDADE
A fidelização é importante não somente para gerar mais vendas, mas também para melhorar a previsão de compras e a gestão dos estoques. Bons programas de fidelidade também geram indicadores importantes para antecipar movimentos dos clientes e dar mais agilidade ao varejo para estar sempre alinhado ao consumidor.

Empresas que utilizam programas de fidelidade para identificar comportamentos, construir estratégias de *loyalty* e obter flexibilidade no relacionamento com os clientes passam a ser mais lucrativas. Seu Custo de Aquisição de Clientes (CAC) diminui e os consumidores tendem a confiar mais nessas marcas, comprando com mais frequência e com tíquetes médios maiores – o que aumenta o *Lifetime Value* (LTV). A redução das despesas de atração e retenção de clientes, aliada ao crescimento das receitas, aumenta a competitividade das empresas.

A evolução da fidelidade no varejo envolve programas de *loyalty* que se beneficiam do desenvolvimento de ecossistemas. O poder dos dados se multiplica exponencialmente com o aumento dos pontos de contato com o consumidor, o que significa que programas de fidelidade presentes em ecossistemas têm o poder de capturar dados e gerar *insights* a partir de mais oportunidades de relacionamento.

Programas de fidelidade nascidos com o conceito de coalizão são ecossistemas naturais de *loyalty*. Ao mesmo tempo em que coletam informações em diferentes ocasiões de consumo, entregam benefícios nos mais variados segmentos de mercado. Isso faz com que programas de coalizão estejam muito bem posicionados para auxiliar as empresas a reduzir seu CAC, aumentar seu LTV e reagir rapidamente às mudanças de comportamento dos clientes.

Entendendo o novo consumidor de uma nova forma

Somente empresas com uma cultura baseada em dados têm condição de aprender rapidamente, testar e medir o que funciona para engajar e atender os seus clientes.

Para quem souber enxergar, os momentos vividos pelo varejo durante a epidemia do coronavírus deixarão muitas lições importantes. Dependendo da capacidade de decodificar comportamentos e tendências, esse poderá ser um momento importante para obter vantagens competitivas, desenvolver novos negócios e aprofundar o relacionamento e o engajamento com os clientes.

Saber lidar com este mundo em profunda transformação não é simples. O primeiro passo talvez seja o mais difícil: abraçar a incerteza. A pandemia é mais um evento em um mundo volátil, incerto e complexo. Como empreendedores, executivos ou profissionais de qualquer área, estamos todos sujeitos a essas incertezas. Estará na frente quem for capaz de entender mais rápido as mudanças e se adaptar a elas.

Um bom exemplo da velocidade dessas mudanças é a transformação do comportamento do consumidor durante esta crise. OK, esse é um evento extremo (ninguém espera que seja preciso ficar confinado em casa novamente por um bom tempo), mas é uma "lição *express*": em questão de meses, mudanças que levariam anos aconteceram e boa parte do que mudou não vai mais voltar ao que era antes.

Muito da nossa cesta de produtos e serviços mudou e a missão de compra também teve alterações. As pessoas estão saindo menos para comprar, mas quando saem, compram mais. Aquelas compras de indulgência ou de impulso estão um pouco de lado e as compras de reposição se destacam.

Essa mudança abrupta de comportamento pegou varejistas e indústrias desprevenidos. A reposição dos estoques virou um desafio extra: como prever o comportamento futuro se os padrões de consumo atuais são tão diferentes do normal? Planejar as compras para o futuro – mesmo que não esteja tão distante – tem sido bem complicado. Aquilo que valeu em 2020 e 2021, e que deveria servir como base hoje, não vale mais, pois o comportamento do consumidor é outro.

E agora?

A resposta está nos dados

É em momentos como este que uma gestão baseada em dados mostra suas vantagens. Empresas com uma cultura *data driven* executam suas ações a partir daquilo que os dados reais de comportamento e consumo estão indicando, e não com base no *feeling* ou em opiniões. Empresas que têm uma arquitetura tecnológica preparada para coletar, processar e analisar dados reais de transações dos clientes conseguem identificar rapidamente mudanças em comportamentos. Com isso, podem reagir rápido e entregar soluções antes dos concorrentes.

Para implementar uma gestão baseada em dados, sua empresa precisa cuidar de alguns aspectos do negócio:

1. A ARQUITETURA DE TECNOLOGIA

Os dados referentes ao comportamento dos clientes costumam estar dispersos em vários pontos de contato com a marca. Em empresas tradicionais, isso significa ter diversas visões incompletas, em vez de um olhar único. A existência de silos de informação, armazenados em formatos e ferramentas diferentes, com foco nas necessidades de áreas específicas, costuma dificultar a implementação de uma gestão baseada em dados.

O caminho é partir para a construção de um *data lake*, que é um imenso repositório de todos os dados disponíveis sobre os clientes, já higienizados e padronizados. A partir desse *data lake*, cada área pode utilizar um subconjunto dessas informações, conforme seja necessário para suas atividades. Assim, todos compartilham as mesmas informações. A mesma "verdade" sobre o cliente.

Também faz todo sentido utilizar sistemas baseados em *cloud*, já que essa é uma forma muito mais flexível de lidar com a capacidade de armazenamento, processamento e análise de dados. Com isso, sua empresa contrata apenas o que utiliza, sem desperdício ou gargalos.

2. A MUDANÇA CULTURAL

Ter a tecnologia é só uma parte da questão. E nem é a mais importante: se os colaboradores não tiverem a cultura de se basear nos dados para tomar decisões, nada acontece. Os líderes têm a missão de impulsionar essa mudança cultural, o que exige que eles mesmos aprendam a lidar com esse novo ambiente.

Vale lembrar que a transformação dos negócios é um problema de quem nasceu analógico. Empresas digitais já nasceram com outro *mindset*, que estamos todos tentando adotar. Em meu canal no YouTube, tenho vários vídeos sobre a mudança cultural necessária para acompanhar esse mundo de grandes transformações. Convido você a dar uma olhada.

3. UMA NOVA ORGANIZAÇÃO

Para aproveitar ao máximo o potencial do uso de dados, a empresa precisa se reorganizar. Os dados só fluem livremente e impactam o negócio da melhor forma quando as pessoas e os processos se estruturam de maneira diferente. Não dá para esperar 90 dias por uma RFP para iniciar um processo de contratação de uma *startup* e só então desenvolver uma solução relevante para o negócio. Não dá para percorrer cinco níveis hierárquicos para aprovar um projeto-piloto.

A empresa baseada em dados é ágil. Ela não é rígida e tem processos que, em vez de atrapalhar, organizam o trabalho. A empresa e seus profissionais devem viver "em Beta" constantemente, testando e aprendendo. O uso de dados dos clientes acelera esse aprendizado e faz com que o varejo entenda melhor as necessidades e desejos do público. Mas isso não acontece se a organização for engessada, como no passado.

Para entender os consumidores, sua empresa precisa ter uma cultura baseada em dados. E isso transforma tudo.

Digitalização total: é hora de abandonar preconceitos

População com mais de 60 anos é altamente digitalizada e segue na vanguarda das inovações. Quem ainda não percebeu isso vai ficar para trás.

Nestes tempos altamente digitais, ficar preso a preconceitos ou observações de muito tempo atrás é um risco enorme. Em um mundo cada vez mais incerto e complexo, somente quem ouve o cliente o tempo todo é capaz de identificar comportamentos e hábitos para ajustar seus negócios e continuar a ser relevante para o consumidor.

Um bom exemplo é o que acontece com a população 60+. A visão tradicional (gravada em inúmeras campanhas publicitárias e programas de TV) é do idoso aposentado, rodeado pelos netos, vivendo a lembrança dos tempos de antigamente em uma vida analógica. Nada mais distante da realidade.

A quinta edição da pesquisa Hábitos de Compra do Consumidor 60+[10], realizada pela Sociedade Brasileira de Varejo e Consumo (SBVC) e pela AGP Pesquisas em 2021, mostra que 26% destes consumidores compraram *online* pela primeira vez na quarentena e 84% do público 60+ já compra *online* no Brasil. Houve um aumento significativo no uso de *smartphones* para realização dessas compras, de 24% em 2017 para 81% em 2021, e do uso de aplicativos como plataforma, que passou de 12% para 59%.

Convenhamos, nada muito diferente do que aconteceu com a população em geral. E esta é a grande lição que temos que tirar desta pandemia: a digitalização dos consumidores é ampla, geral e irrestrita. Ficar preso a conceitos obsoletos, como "o idoso é analógico", significa ignorar a parcela da população que mais cresce no país: nos próximos 20 anos, a população 60+ irá mais que triplicar, chegando a quase 40% dos brasileiros.

Todo o varejo deveria incorporar o consumidor 60+ à sua estratégia digital de negócios. Para isso, é preciso gerar inovação que faça sentido também para esse público. Os processos de *design thinking* e de desenvolvimento ágil de processos, protótipos e modelos de negócios têm que incorporar pessoas nessa faixa etária.

Saem na frente empresas que não se limitam a colocar a inovação nas mãos dos mais jovens: para atender o consumidor, é preciso conhecê-lo. Assim, quanto mais diversidade a empresa tiver, maior a possibilidade de encurtar o caminho de desenvolvimento de produtos e serviços. E maior será a identificação dos consumidores com as soluções que o varejo apresentar.

No varejo pós-Covid, é preciso abandonar os preconceitos. Todo consumidor é digital. Todo consumidor é *omnichannel*. Cada

[10] Para acessar a pesquisa Hábitos de Compra do Consumidor 60+, aponte a câmera do seu *smartphone* para este QR Code e abra o *link* no navegador de sua preferência.

público tem, evidentemente, demandas, necessidades e desejos diferentes, que precisam ser endereçados, mas a estratégia de negócios precisa ser inclusiva.

Com o crescimento da população 60+ nos próximos anos, a digitalização desse público será ainda maior. Afinal, o público que hoje está chegando aos 50 logo fará parte dessa faixa etária. É o meu caso, talvez o seu também. Se nós hoje somos digitais em nossos hábitos e abraçamos rapidamente as novidades, daqui a cinco ou dez anos isso se intensificará. Seremos exponencialmente mais digitais.

Será que sua empresa está preparada para lidar com o comportamento digital de todos os seus clientes?

Por meio deste *QR Code,* você pode assistir ao vídeo "**A digitalização da jornada do consumidor**", apresentado por Eduardo Terra, que complementa este artigo.

Dois indicadores cada vez mais relevantes para o varejo

CAC e LTV são indicadores que, quando bem utilizados, trazem informações importantes e permitem estabelecer estratégias de relacionamento com o cliente.

Com a digitalização cada vez maior do varejo, os indicadores tradicionais do varejo não conseguem medir interações muito importantes dos consumidores com as marcas. Com isso, o quadro que os gestores têm sobre seus negócios se torna incompleto. Como medir o valor da loja em uma transação que é fechada *online*, mas retirada pelo cliente na loja física?

Evidentemente, os indicadores tradicionalmente usados para medir a produtividade do varejo físico, como venda por metro quadrado e venda por funcionário, não fazem sentido no *e-commerce*. Mas veremos, com intensidade cada vez maior, o uso das métricas do varejo *online* no mundo físico. E isso muda tudo.

Quais são esses indicadores e por que eles são importantes?

O Custo de Aquisição de Clientes (CAC)

A primeira métrica que o varejo físico precisa importar do *online* é o Custo de Aquisição de Clientes (CAC). O conceito é simples de entender: quanto custa trazer um novo cliente e fechar uma venda? Quando o varejista incorpora o CAC aos seus indicadores, porém ele muda a forma como encara o seu negócio e coloca o cliente no centro das discussões estratégicas.

Buscar novos clientes é importante, mas o ideal é que o custo seja o mais baixo possível. Uma campanha promocional ou uma série de ofertas precisa ser compensada pelo aumento de faturamento e resultados. Calcular o CAC é simples:

CAC = Custo total de marketing / número de novos clientes

Assim, se uma campanha demandou um investimento de R$ 50 mil e trouxe 5 mil novos clientes, o CAC foi de R$ 10. Isso é muito ou pouco? Depende do tipo de produto e do tíquete médio. Um CAC de R$ 10 para vender um automóvel é extremamente baixo, mas para uma compra de supermercado com tíquete de R$ 30, pode não valer a pena.

No varejo *online*, o CAC tem subido nos últimos anos. Atualmente, no mercado brasileiro, as empresas têm investido cerca de 15% de seu faturamento bruto em ações de *marketing* digital, um índice semelhante à comissão que os *marketplaces* costumam cobrar nas transações geradas por eles. Não é incomum que a margem final para o varejista seja muito inferior a esse número.

Customer Lifetime Value (LTV)

O segundo indicador importante é o valor do cliente ao longo do ciclo de vida, o chamado *Customer Lifetime Value* (LTV). Ele permite prever quanto cada cliente trará em vendas para a empresa durante seu tempo de relacionamento com a empresa. Podemos calcular o LTV da seguinte forma:

LTV = número de transações por ano x tíquete médio x tempo na empresa x margem

Esse é um indicador importante porque entende que o relacionamento do consumidor com a marca acontece ao longo do tempo, e não em uma única transação. Quando um varejista leva em conta o LTV, ele passa a dar mais importância a aspectos como a recorrência do cliente e a manutenção do relacionamento pelo maior tempo possível.

Um exemplo de sucesso

Existem vários exemplos de empresas que têm trabalhado bem suas estratégias de negócios para reduzir o CAC e aumentar o LTV. Um grande caso é o da Amazon com seu programa Prime. Ao oferecer um serviço pago anualmente que dá direito a frete grátis e uma série de serviços agregados, o programa faz com que os clientes tenham um grande incentivo para comprar com mais frequência (o frete grátis), o que aumenta a recorrência das transações. A entrada da Amazon em novas categorias, como alimentos perecíveis (Amazon Fresh), reforça a recorrência e aumenta o LTV.

Ao mesmo tempo, a Amazon coleta uma infinidade de dados sobre o comportamento do público e ganha a capacidade de oferecer a oferta certa para cada cliente. Isso aumenta a conversão, o que reduz o CAC. Outra consequência é uma menor necessidade de investir em mídia: a Amazon faz parte do dia a dia dos clientes e se torna a primeira opção de compra, o que também diminui o custo de aquisição de clientes.

Utilizado atualmente por mais de 150 milhões de americanos, o Prime é também uma estratégia importante de defesa de mercado. Quanto mais os clientes usam o serviço, mais aumentam as barreiras para a migração para a concorrência (*churn*) e maior a assertividade da Amazon na oferta do produto certo para cada cliente. O que aumenta o LTV e diminui o CAC, em um ciclo virtuoso.

Indicadores como o CAC e o LTV são utilizados como um guia de performance pelas empresas mais inovadoras e focadas em seus clientes. Varejistas que usam os dados dos consumidores para desenvolver estratégias comerciais e promocionais mais assertivas conseguem utilizar os dados dos clientes a seu favor. Por meio de programas de fidelidade ou estratégias de relacionamento que reforcem a recorrência das compras (e, como consequência, reduzam o CAC e aumentem o LTV), geram resultados superiores e conquistam a preferência dos consumidores.

Por meio deste *QR Code,* você pode assistir ao vídeo **"CAC e LTV"**, apresentado por Eduardo Terra, que complementa este artigo.

PIX: é hora de um novo avanço no varejo

Os benefícios do uso do sistema de pagamentos instantâneos do Banco Central são evidentes para o varejo, mas será preciso trabalhar para obter resultados.

Muito já se falou sobre a digitalização do varejo durante a pandemia. Mas não foi só o varejo brasileiro que avançou cinco anos em meses: em todo o mundo, a crise provocou uma corrida das empresas e dos consumidores por novas formas de relacionamento, compras e pagamentos.

A China já era uma referência no uso de meios digitais de pagamento, e durante a pandemia mostrou inovação mais uma vez[11]: na comparação anual, a UnionPay teve um crescimento de 54,59% no número de transações de pagamento *online* e de 48,5% em transações *mobile offline*. As líderes Alipay e WeChat Pay viram crescimentos de três

[11] Para acessar o artigo sobre os métodos de pagamentos inovadores chineses, aponte a câmera do seu *smartphone* para este *QR Code* e abra o *link* no navegador de sua preferência.

dígitos no volume de transações mobile em categorias como restaurantes e turismo.

O uso do *smartphone* como um meio de pagamento vem ganhando impulso em todo o mundo. Na Europa, a adoção de pagamentos instantâneos subiu de 3% para 12% ao longo de 2019[12], liderada pelo Reino Unido, Dinamarca e Polônia. No Brasil, essa é uma transformação que está às portas.

Em novembro de 2020, às portas da Black Friday, entrou em operação o PIX, o sistema de pagamentos instantâneos do Banco Central[13]. Com ele, a transferência de dinheiro entre pessoas (P2P) ou pagamentos de compras acontecem em questão de segundos. Para o varejo, o PIX traz uma série de vantagens:

- No *e-commerce*, a substituição do boleto pelo PIX aumenta o giro de estoque e elimina problemas operacionais, já que não é preciso esperar até três dias pela compensação de um boleto. E, nos casos em que o boleto não é pago, o produto ficou reservado por dias à toa.
- Redução de custos, pois uma transação pelo PIX será bem mais barata que um DOC, TED ou taxas cobradas pelas administradoras de cartões de débito e crédito.
- Facilidade na gestão, uma vez que é possível usar um mesmo *QR Code* para aceitar carteiras digitais de vários *players*.
- Aceleração da conciliação bancária, o que também diminui os custos operacionais.

[12] Para acessar o artigo sobre a adoção de pagamentos instantâneos na Europa, aponte a câmera do seu *smartphone* para este *QR Code* e abra o *link* no navegador de sua preferência.

[13] Para acessar o artigo sobre o PIX, aponte a câmera do seu *smartphone* para este QR Code e abra o *link* no navegador de sua preferência.

Nas próximas fases de implantação, o PIX ganhará novos recursos, que aumentarão a conveniência para os clientes e abrirão novas oportunidades para as empresas. Varejistas que tiverem uma visão centrada em seus consumidores serão capazes de entregar soluções realmente importantes para o público e, com isso, aumentar seu engajamento.

Vale lembrar que, ao contrário do que aconteceu na China, que saltou direto do dinheiro em papel para os pagamentos *mobile*, o Brasil possui uma longa tradição no uso de cartões de crédito e débito. Por isso, embora o PIX traga uma série de vantagens para o varejo, para o consumidor nem sempre os benefícios estarão claros. Benefícios como pontos no programa de fidelidade e a inércia cultural tendem a fazer com que a curva de crescimento do PIX seja desafiadora.

Por isso, varejistas que conseguirem mostrar aos clientes o valor de pagar pelo PIX, em vez de usar outros meios de pagamento, podem se beneficiar da redução de custos e do aumento da eficiência operacional. Em todas as faixas etárias, incluindo os consumidores acima de 60 anos, as compras *online* e a digitalização já estão muito presentes.

Para impulsionar o PIX, será preciso entregar mais vantagens para os clientes. A estratégia do varejo deve passar por condições especiais, pontuação multiplicada no programa de fidelidade e outros bônus que estimulem a mudança de hábitos. O consumidor já tem o telefone no bolso o tempo todo: agora é hora de fazer com que ele use seu *smartphone* na hora do pagamento.

13 ALTERNATIVAS ESTRATÉGICAS DO VAREJO PÓS-PANDEMIA

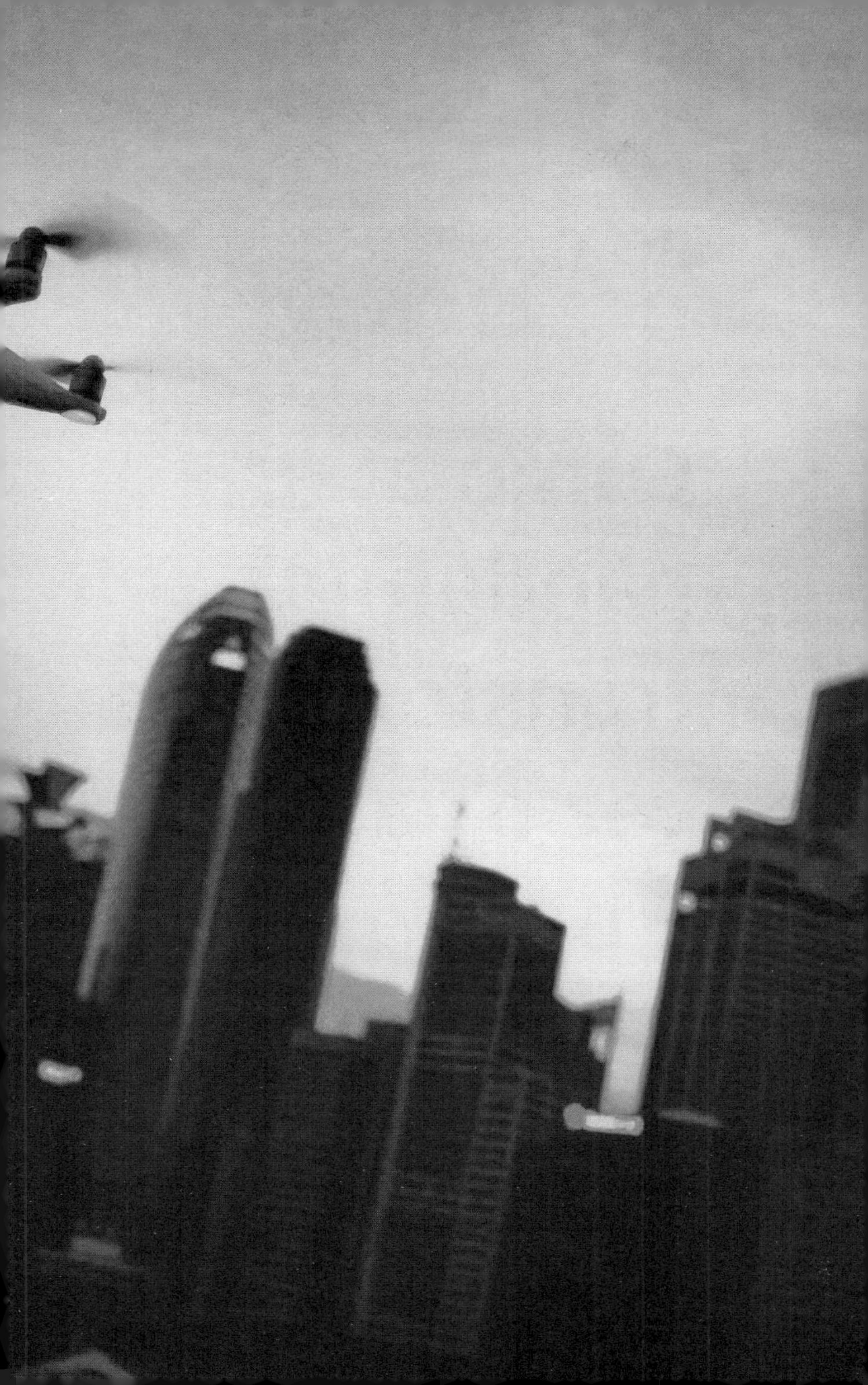

Como a pandemia transforma de vez o varejo. E para melhor

Empresas sairão desta crise mais fortes e preparadas para lidar com consumidores cada vez mais digitais.

Os anos de 2020 e 2021 foram um divisor de águas para o varejo brasileiro. Com a pandemia, as empresas perceberam a relevância de promover a transformação digital e investir no *e-commerce* para poder atender seus clientes. O varejo vem passando por uma profunda transformação, em meio à tragédia social e de saúde que o país vive por causa do Covid-19. As empresas sairão mais fortes, equipadas para lidar com o novo consumidor.

Mas, afinal, o que mudou no varejo brasileiro durante a pandemia de Covid-19?

No Brasil, o *e-commerce* representava 6% das vendas do varejo, um número bastante baixo quando comparado a outros países. Na China, por exemplo, as vendas *online* já representavam, antes da crise, 35,3% do varejo, na Inglaterra 22,3% e nos Estados Unidos, 16%. No mercado americano, em questão de semanas esse número subiu para 26%, mostrando a profundidade da transformação digital e da aceleração dos negócios *online*.

O Brasil possui um cenário propício à transformação digital dos negócios:

- 82,7% dos lares brasileiros têm acesso à internet;
- Existem, no país, 242 milhões de *smartphones;*
- 120 milhões de brasileiros têm conta no WhatsApp.

A inclusão digital dos consumidores, que é uma condição básica para um *e-commerce* forte, ganhou corpo nos últimos dois anos e já estava presente antes do coronavírus chegar por aqui. O que faltava era quebrar a inércia de hábitos arraigados. E é justamente isso que a pandemia provocou. Faltava na verdade transformarmos cidadãos digitais em consumidores digitais.

Em março, o fechamento do varejo considerado não-essencial e as inúmeras adaptações que o varejo essencial (supermercados, farmácias, lojas de materiais de construção e *pet shops*) teve de fazer impulsionaram as vendas digitais. O consumidor, com muito receio de ir às lojas e extremamente inseguro sobre a possibilidade de contaminação, passou a buscar alternativas *online*.

Segundo dados divulgados pela Ebit/Nielsen, somente no ano de 2020[14], 13,2 milhões de pessoas fizeram sua primeira compra pela internet.

[14] Para acessar os dados divulgados pela Ebit/Nielsen, aponte a câmera do seu *smartphone* para este QR Code e abra o *link* no navegador de sua preferência.

Pessoas que ainda não consumiam *online* passaram a fazer, enquanto clientes habituais ampliaram suas categorias de consumo e clientes *heavy user* digitalizaram praticamente 100% de suas compras. Mesmo negócios pouco digitalizados, como supermercados, *pet shops* e materiais de construção, aprofundaram suas iniciativas *online* e descobriram que havia demanda. O que faltava era o impulso necessário a fazer acontecer.

Nas primeiras análises que fizemos, a perspectiva é que aqueles 6% de participação do varejo *online* subam para cerca de 10% com os dados do fechamento de 2021, levando o *e-commerce* a um novo patamar de vendas e de maturidade. É importante também lembrar que varejistas e consumidores foram além do *e-commerce* tradicional (em *sites* ou *marketplaces*), utilizando redes sociais e aplicativos de mensagens de forma intensa.

Novos hábitos estão sendo criados nesta crise. Do uso de *QR Codes* e *links* de pagamento à pesquisa *online*, o consumidor acelerou sua digitalização. Empresas que não acompanharem esse movimento ficarão para trás. Qualquer mercadinho de bairro passa a precisar ter no mínimo um WhatsApp para contatar o público, sob pena de serem esquecidos por clientes que não querem a insegurança ou a falta de praticidade de uma compra presencial.

Para o varejo e o *e-commerce*, 2020 e 2021 serão anos vistos como um divisor de águas. Com a pandemia, o brasileiro passou a se relacionar com o *e-commerce*, provisoriamente para substituir compras *online*, mas, quando a situação se normalizar, como um canal complementar aos demais. A retirada de produtos nas lojas e o uso dos pontos de venda físicos como minicentros logísticos aumentarão a velocidade e diminuirão os custos das vendas *online*, melhorando a experiência do cliente. E isso muda tudo no varejo.

No varejo que vem por aí, ganharão destaque as empresas que entenderem que precisam ir atrás dos clientes, usando o digital como um canal de ativação e estimulando o relacionamento por qualquer meio que o cliente considerar relevante. O *omnichannel* ganhará corpo e a participação direta do *e-commerce* nas vendas dará um salto.

Esta é a hora de experimentar, criando novas alternativas para relacionamento com o cliente e usando intensamente os dados para entender comportamentos e identificar oportunidades. O varejo não será mais o mesmo, e isso é muito bom.

Varejo: muito além do preço baixo

O uso criativo de alavancas promocionais como programas de fidelidade e *cashback* aumenta a fidelidade e a relevância do varejo para os clientes.

É comum vermos varejistas e consumidores usando descontos, promoções e ofertas como sinônimos, como se as únicas alavancas promocionais disponíveis fossem o "com X% de desconto" e o "de X por Y reais". Essa não é somente uma visão limitante: ela também impede que o varejo entenda melhor seus clientes e seja mais relevante para eles.

Analisando de uma forma mais ampla, o uso de alavancas promocionais é extremamente importante para o varejo. Se os dados são o petróleo – o combustível que faz o negócio avançar –, as alavancas promocionais são o oxigênio que traz o cliente para a loja física ou virtual e viabiliza a coleta de dados. É simplesmente impensável fazer negócios sem realizar promoções de forma inteligente e consistente.

A questão é que os descontos não são, nem de longe, a única forma de esforço promocional. E, normalmente, nem a mais eficiente, nem a mais barata.

Descontos e promoções são usados pelo varejo, de forma simples, com os seguintes objetivos:

1. Aumentar o fluxo de clientes;
2. Aumentar o relacionamento dos clientes atuais com a marca;
3. Aumentar o tíquete médio;
4. Aumentar as vendas de itens específicos (normalmente lançamentos ou produtos no fim do ciclo de vida);
5. Aumentar o faturamento da loja.

Em todos esses casos, é possível – e desejável – ir além dos descontos e promoções tradicionais. O relacionamento dos clientes com a marca, por exemplo, aumenta quando o lojista apresenta promoções relevantes. Um estudo da Sociedade Brasileira de Varejo e Consumo (SBVC) realizado em 2020 e novamente em 2021 mostra que <u>71% das empresas entrevistadas aumentaram sua base de consumidores fiéis em mais de 5% com programas de pontos, contra 63% que se basearam em descontos.</u>[15] O estudo também mostra que 94% dos varejistas físicos oferecem descontos, mas somente 50% contam com um programa de fidelidade (próprio ou de parceiros).

Isso significa que quase metade dos varejistas oferecem somente descontos generalistas, sem levar em conta as necessidades e desejos dos consumidores. Essas empresas ainda não colocaram o cliente no centro de suas estratégias e, com isso, estão dando tiros de canhão para tentar obter resultados. É uma forma segura de desperdiçar investimentos.

[15] Para acessar o estudo sobre Alavancas Promocionais da SBVC, aponte a câmera do seu *smartphone* para este *QR Code* e abra o *link* no navegador de sua preferência.

Como se não bastasse, o estudo mostra que os descontos representaram 6% do faturamento bruto das lojas físicas nos últimos 12 meses. Ainda que praticamente um quarto desse valor seja recomposto pela indústria, essa é a maior linha de despesas promocionais, de longe: programas de pontuação representam em média 3% do faturamento. São bem mais baratos e têm a vantagem de permitir acompanhar o comportamento dos clientes, enriquecendo a base de dados.

A situação não é muito diferente no *e-commerce*, em que a alavanca promocional mais usada é o desconto (67%), ao lado do frete grátis. Não é coincidência que elas tenham o maior impacto nos custos do varejo (4% do faturamento bruto do *e-commerce*, cada uma). Os consumidores, porém, dão um valor muito diferente para essas alavancas: 37% se valem do frete grátis, 21% usam programas de *cashback* e somente 16% são impulsionados por descontos diretos.

Descontos são uma ferramenta importante no arsenal promocional do varejo, mas é possível ir muito além. O varejo que conta com um bom *mix* de alavancas promocionais, como programas de fidelidade, *cashback*, brindes e frete grátis, consegue criar mais oportunidades de engajamento com o cliente e geram estímulos diferentes. Enquanto os descontos diretos tendem, quando usados com exagero, a ser vistos pelo cliente como o preço normal, programas de pontos e *cashback* entregam recompensas aos consumidores e, assim, são vistos como tendo mais valor.

Não é à toa que 25% dos consumidores gostariam de usar *cashback* se a loja oferecesse e 16% fariam parte de um programa de pontuação. O cliente não quer só desconto: ele quer encantamento e recompensa. Ele quer sentir que sua presença é valorizada e que ele está sendo reconhecido como único.

Esses são atributos que programas de fidelidade oferecem. Especialmente programas que contam com uma grande base de parceiros para aquisição de pontos e troca por recompensas. Nas interações do dia a dia, o fato de oferecer de volta uma parte do valor da compra como pontos, que podem ser trocados por algo que o cliente deseja, cria uma dimensão emocional para a relação com a loja. Não se trata mais de fazer a melhor compra, e, sim, de obter o maior benefício.

Cada vez mais, o cliente quer se relacionar com quem o entende e o valoriza. O varejista que usa um *mix* de alavancas promocionais torna a relação com o consumidor mais interessante, lúdica e encantadora. O resultado aparece no aumento das vendas, na redução das despesas e no crescimento da fidelidade do público.

Como fica a loja física no mundo pós-pandemia?

A pandemia transformou o comportamento dos consumidores. Os varejistas que souberem responder melhor a essas mudanças vão conquistar espaço.

Os anos de 2020 e 2021 deixarão marcas que permanecerão por muito tempo no comportamento dos consumidores e nas estratégias das empresas. A pandemia do coronavírus e as transformações radicais que ela trouxe para a maneira como nos relacionamos com outras pessoas, com marcas, produtos e serviços abriram novas oportunidades, criaram comportamentos e aceleraram movimentos que, em condições normais, talvez demorassem uma década para acontecer.

Não tenho dúvida de que os próximos anos continuarão a ser moldados pelas decisões que foram tomadas durante este período de pandemia. A crise de saúde ainda não acabou, mas já podemos identificar vários pontos de transformação no comportamento dos clientes e nas experiências de consumo. Quem souber interpretar essas mudanças e oferecer novas respostas às "dores" dos clientes terá mais chances de sucesso.

Digitalização da jornada

Esta é a grande história da pandemia. A Goldman Sachs estima que, pela primeira vez, o varejo *online* fechou o ano com uma participação de dois dígitos nas vendas do varejo.[16] O impulso vem de uma alta de 53% nas vendas, com destaque para um crescimento de 84% no volume de *download* de aplicativos de varejo pelos clientes.

Para o futuro, o que isso indica?

Que não é mais possível esperar o cliente passar em frente à sua loja: a jornada de compra começa muito antes, nos meios digitais. A experiência de consumo começa na busca no Google, ao ler um *review* sobre um restaurante ou ao ser impactado por uma publicidade no Waze. O varejo tem, agora, muito mais pontos de contato para conversar com o cliente. Uma imensa oportunidade, mas também um grande desafio.

Pagamento também é experiência

A pandemia provocou uma grande mudança no uso de meios de pagamento. O estudo "Era da Experiência", da Sociedade Brasileira de Varejo e Consumo (SBVC)[17], mostra que, mesmo com a reabertura do comércio, os clientes deixaram de usar dinheiro vivo, substituindo por cartões de débito e crédito.

Com a chegada do PIX em 2020 e o *Open Banking* nos próximos anos, veremos uma forte aceleração do uso de carteiras digitais de bancos, *fintech*s e varejistas. A experiência de compra também será definida pelo momento do pagamento: quem oferecer meios mais simples, práticos e seguros (do ponto de vista tecnológico e de saúde) fica em vantagem.

[16] Para acessar o artigo sobre a participação de mercado das vendas *online* aponte a câmera do seu *smartphone* para este *QR Code* e abra o *link* no navegador de sua preferência.

[17] Para acessar O estudo "Era da Experiência" da SBVC, aponte a câmera do seu *smartphone* para este *QR Code* e abra o *link* no navegador de sua preferência.

A loja física precisa se reinventar

No estudo "Era da Experiência", 91% dos entrevistados estão satisfeitos com a experiência de compra no *e-commerce*, contra 81% de satisfação nas lojas físicas. Esse número serve como um grande alerta para as lojas. A avaliação mais positiva para o varejo *online* indica que os consumidores compraram mais *online* durante a pandemia e gostaram do que receberam. Velocidade, *mix* amplo, disponibilidade de produtos, facilidade de navegação, tudo isso contribuiu para esse altíssimo índice de satisfação.

No pós-pandemia, a reinvenção da loja física é uma necessidade estratégica em várias vertentes:

- A loja como *hub* logístico se torna ainda mais importante para entregar rapidamente os pedidos dos clientes, a um custo mais acessível;
- A loja como ponto de retirada de compras *online* traz mais conveniência para os clientes, reduz o custo logístico e estimula compras adicionais no PDV;
- A loja como ponto de experimentação de produtos estimula visitas e relacionamento com a marca (mesmo que a transação seja fechada *online*);
- A loja como espaço de ativação de clientes e coleta de dados passa a ser essencial para entender melhor os clientes e oferecer promoções e ofertas personalizadas.

A partir de agora, o varejo não deve pensar somente em como levar os clientes às lojas físicas. Ele precisa avaliar como pode se fazer presente, de forma relevante, sempre que o cliente precisar de algo, *online* ou *offline*. É o que o Google chama de micro momentos: o cliente pode ter o impulso de procurar uma loja que, agora, esteja nas proximidades e tenha o que ele deseja. Quem se apresentar nesse momento com a melhor resposta para o cliente (produto + marca + oferta + disponibilidade de entrega) tem mais possibilidade de conquistar a preferência dele.

Essa nova forma de pensar o relacionamento com o cliente muda a ideia da experiência do consumidor na loja física. Somente varejistas com esse *mindset* terão sucesso no pós-pandemia.

Por meio deste *QR Code,* você pode assistir ao vídeo "**O novo papel da loja**", apresentado por Eduardo Terra, que complementa este artigo.

A "arma secreta" para o engajamento com o cliente

Transformação digital acelera o uso de dados de forma estratégica pelas empresas, melhora o engajamento com o consumidor e aumenta as vendas do varejo.

A pandemia acelerou mudanças profundas que já vinham se desenhando no varejo e nas relações de consumo. Um bom exemplo disso é a adoção de recursos digitais pelo varejo: se no passado era difícil avançar em uma iniciativa como o *e-commerce* dentro das empresas, com a crise essa passou a ser a única forma de gerar vendas para todos os que precisaram abaixar as portas das lojas.

Talvez o maior legado positivo da pandemia seja uma nova visão de como atrair, manter e gerar recorrência no relacionamento com o consumidor. A crise fez com que modelos antigos, baseados em paradigmas analógicos, caíssem de vez. A Covid-19 transformou as lojas que esperam o cliente ir até elas em dinossauros: sobrevive quem é capaz de ir ao encontro do consumidor, onde ele estiver.

O atual momento escancarou um problema já existente no relacionamento das marcas com os clientes: o custo cada vez mais elevado de aquisição de clientes. No momento em que todos passaram a depender exclusivamente de meios digitais para atrair e conquistar clientes, ficou claro que o *success fee* dos *marketplace*s e os investimentos em mídia *online* (ambos na casa de 15% do faturamento bruto) não são para todo mundo.

A alternativa é mudar o jogo: em vez de buscar novos clientes, aprofundar o relacionamento com os clientes atuais, conhecendo-os a fundo para aumentar o tíquete médio e a recorrência das compras. Dessa forma, o foco muda da captação de novos clientes para um atendimento excepcional aos clientes atuais.

Com isso, estamos vivendo o início de um novo modelo de engajamento das marcas com os consumidores. Um modelo que depende de uma "arma secreta" e exige uma série de novas ferramentas para gerar resultados.

Dados: a "arma secreta"

Neste novo varejo pós-pandemia, tudo começa nos dados. Dados reais de clientes reais, capturados em todo meio de contato ao longo da jornada de relacionamento. O varejo pós-Covid não é mais um varejo de médias, em que a empresa mensurava seu desempenho a partir de critérios como o faturamento médio por metro quadrado ou o faturamento médio por vendedor.

Neste novo varejo, cada consumidor é um indivíduo que pode ser identificado pelas marcas. É aquele que sabe que o Eduardo, 45 anos, casado e com dois filhos, foi impactado nas redes sociais por um *post* sobre a edição especial de um vinho Pinot Noir do Napa Valley, 15 minutos depois viu as avaliações desse produto no *site* da marca, viu um vídeo sobre o produtor, recebeu mais tarde um *push* no aplicativo e comprou *online* para retirada na loja física próxima do escritório. Essa é uma jornada impossível no mundo analógico, mas essencial no varejo movido a dados.

Nesse novo modelo de pensar os negócios, cada interação do cliente com a marca é incorporada à base de conhecimento da empresa. Cada novo contato gera elementos para refinar a interação com o consumidor e cria novas possibilidades de engajamento do público.

As ferramentas para fazer acontecer

Esse cenário já foi utópico, mas hoje é totalmente possível para empresas que tenham a cultura correta e as ferramentas tecnológicas certas para aproveitar cada oportunidade de engajamento com seus clientes.

1. CULTURA *DATA DRIVEN*

Tudo começa com a cultura da empresa. De alto a baixo, todos precisam adotar o *mindset* digital, que se baseia em testar continuamente, em ser ágil na execução e em aprender sempre. Esse *mindset* nasce do entendimento de que os dados são o centro de tudo. Os dados ganham sempre de opiniões e, por isso, colete informações sobre seus clientes e as use para melhorar seu negócio e criar soluções para os problemas dos consumidores.

2. PROCESSOS ÁGEIS

Ter dados é essencial, mas se nada for feito com eles, esse é um potencial desperdiçado. Desenvolva processos ágeis de geração de ideias e solução de problemas, com equipes multidisciplinares (*squads*) e projetos rápidos, que tragam melhorias constantes. É melhor mudar um pouco a cada dia, sempre atento ao *feedback* dos clientes, do que desenvolver projetos longos e caros que podem já nascer desatualizados.

3. ESTRUTURA DE TI

Não basta identificar oportunidades e criar soluções rapidamente. É preciso ter a capacidade de implementá-las e integrá-las aos negócios já existentes. Para isso, é preciso ter uma estrutura de TI ágil e flexível, baseada em microsserviços e em *cloud computing*, para acompanhar a evolução das necessidades dos clientes e não ficar preso a sistemas legados.

4. CRM

Fala-se em gestão do relacionamento com o cliente há décadas, mas somente agora os sistemas de CRM se tornaram acessíveis a empresas de todos os portes. Tamanho não é mais limitação para o investimento em soluções que permitam cruzar dados dos clientes, interpretar comportamentos e gerar *insights* relevantes para os negócios.

5. EMPODERAMENTO DOS VENDEDORES

Mundo digital e *data driven* não eliminam os vendedores. Muito pelo contrário: agora, eles se tornam uma parte fundamental do engajamento dos clientes, tanto nas lojas físicas quanto nos meios digitais. Seja em uma visita ao PDV, seja pelo WhatsApp ou por um *post* em uma rede social, o vendedor assume um novo papel: em vez de tirador de pedidos, ele passa a ser um agente de relacionamento com o consumidor.

A transformação digital do engajamento das marcas com os clientes já estava em andamento em marcas inovadoras, que já se viam em um futuro no qual o importante era atender o consumidor onde ele estivesse. A pandemia mostrou o quanto essa visão é correta. O desafio, agora, é incorporar os aprendizados ao relacionamento com os clientes, gerando um novo ciclo de crescimento para as empresas.

CRM, uma arma estratégica

Para engajar e rentabilizar os clientes, o ativo mais valioso de um varejista, as empresas precisam priorizar a gestão do relacionamento.

A acelerada digitalização do varejo durante a pandemia fez com que as empresas percebessem que é preciso dar uma grande atenção a dois indicadores muito utilizados no e-commerce e pelas empresas mais digitais: o Custo de Aquisição de Clientes (CAC) e o LTV (Lifetime Value – valor do cliente no tempo). No varejo físico, esses são temas ainda pouco presentes, porque a loja física é, por si só, uma grande forma de atrair público. Uma vez que as empresas se digitalizam, aumenta a importância de entender quanto é preciso investir para gerar novas vendas e o que se faz necessário para engajar o cliente.

A preocupação com o aumento do CAC mostrou que faz muito mais sentido investir em formas de gerar recorrência e fidelização. A coleta e uso dos dados dos consumidores aumentam a inteligência nas ações de relacionamento e transformam o CRM em um elemento estratégico de vendas. Não faz sentido um grande esforço de mídia para trazer um novo cliente se não houver uma estratégia consistente para mantê-lo na base depois, comprando outras vezes.

Estes dois indicadores têm se tornado fundamentais nas empresas de varejo pós-pandemia. Somente com o monitoramento estratégico desta relação CAC/LTV é que podemos ter certeza de que o varejo está na direção correta em atrair, reter e rentabilizar seus clientes.

É nesse contexto que destaco a importância do CRM no entendimento e na gestão da relação das empresas com seus clientes e na formulação de suas ações promocionais.

Uma estratégia de negócios centrada nos consumidores (*customer centric*) utiliza o CRM em vários momentos, com finalidades diferentes:

- Para entregar promoções relevantes e altamente personalizadas, baseadas em dados;
- Para analisar a probabilidade de *churn* do cliente e tomar ações para impedir essa perda;
- Para entender motivações de compra em categorias, geografias e modelos de loja (física ou virtual);
- Para desenvolver novas estratégias de relacionamento com o cliente, estimulando o *feedback* do público e gerando novas interações.

Uma área em que o varejo vem avançando muito nos últimos anos é o uso do CRM como o cérebro ou motor de suas promoções. É importante deixar claro que promoção não é somente desconto, e sim qualquer ação que faça o cliente comprar mais. Um estudo realizado em 2020 e 2021 pela Sociedade Brasileira de Varejo e Consumo (SBVC)[18] mostra que é possível – e muito saudável – buscar alternativas além

[18] Para acessar o estudo sobre as Alavancas Promocionais da SBVC, aponte a câmera do seu *smartphone* para este *QR Code* e abra o *link* no navegador de sua preferência.

do "X% off": 71% das empresas que possuem programas de fidelidade aumentaram sua base de clientes em pelo menos 5% durante a pandemia.

A adoção de programas de fidelidade cria um círculo virtuoso, pois estimula os clientes a comprar mais, o que gera mais dados que são usados para entregar promoções personalizadas, que geram compras adicionais. Em um período de crise como o que vivemos em 2020, os consumidores passam a buscar mais vantagens em suas compras, e isso explica por que 72% dos consumidores aumentaram o uso de programas de pontuação nas compras *online* e em lojas físicas.

Outra alavanca promocional que vem ganhando importância é o *cashback*. A possibilidade de obter de volta uma parte do dinheiro gasto na compra é usada por 48% dos clientes e gera três grandes benefícios: o aumento da recorrência, um entendimento maior dos produtos e categorias preferidos e uma total mensuração do investimento realizado em *cashback*. Nas compras *online*, essa é uma alavanca promocional usada por 21% dos clientes.

O uso de várias alavancas promocionais traz ainda o benefício de utilizar uma abordagem diferente para cada cliente. Há consumidores que são motivados a comprar por um benefício imediato, como o frete grátis, enquanto outros enxergam na coleta de pontos a possibilidade de obter melhores vantagens mais adiante. Para alguns, o *cashback* acrescenta uma dimensão extra à experiência de compra, enquanto outros aumentam sua fidelidade quando recebem "mimos surpresa" das marcas.

Em todas essas vertentes, um ponto é essencial: o entendimento do comportamento e dos *drivers* de consumo dos clientes. Empresas com um CRM bem estruturado e estrategicamente definido ganham o poder de entender o que cada consumidor deseja obter e são capazes de reforçar seu relacionamento com eles, com personalização e extrema relevância.

E essa não é uma moda passageira, que será revertida quando sairmos da pandemia. Esse é, na realidade, o único caminho estratégico para diferenciação e aumento de vendas e resultados de maneira sustentável. Quem não conhece seu cliente e sabe se comunicar com ele já está ficando para trás.

Se esse é seu caso, corra: ainda dá tempo de mudar.

Por meio deste QR Code, você pode assistir ao vídeo **"CRM | Varejo e transformação digital"**, apresentado por Eduardo Terra, que complementa este artigo.

O grande risco da inovação

Não existe garantia de sucesso para as
ações de inovação, mas existe uma certeza:
sem inovar, sua empresa ficará para trás.

Um efeito importante da pandemia foi a aceleração do tempo: anos de transformações aconteceram em questão de meses. E, evidentemente, uma mudança tão intensa gera uma necessidade de adaptação e cria grandes desafios para as empresas.

A pandemia fez com que tendências que já se desenhavam se tornassem protagonistas: *home office* e transformação digital, por exemplo, já estavam vindo, mas agora se tornaram necessidades estratégicas. A digitalização dos negócios deve ser encarada não como uma ameaça, e sim como uma grande oportunidade de transformação na maneira como as empresas se organizam e fazem negócios.

O atacado e o varejo tradicionalmente eram negócios *low tech*: há dez ou 15 anos, era possível gerenciar o negócio sem contar com um arsenal tecnológico. Hoje, porém, as empresas não podem mais ser as mesmas. Ainda há tempo para fazer a transformação, mas é importante não esperar para ver uma grande ameaça chegar. Até porque as grandes disrupções não surgem de forma clara, como um elefante: elas surgem como formigas pequenas e letais. Por isso, só são percebidas quando já estão ao seu redor e não existe mais saída.

Em minhas conversas com líderes do atacado e do varejo, costumo perceber uma grande preocupação com o risco de buscar a inovação sem saber muito bem o que sairá desse processo. É importante deixar muito clara uma coisa: o maior risco é não fazer nada. Setores com baixo nível de digitalização correm um grande risco de ficarem para trás.

Segundo um estudo recente da McKinsey, a idade média das empresas no mundo caiu de 61 anos na década de 50 para 22 anos agora. Além disso, apenas 22% de novos negócios lançados pelas empresas incumbentes (empresas tradicionais da velha economia) terão êxito na sua jornada de reinvenção.

É preciso inovar, mas não se deve inovar sem objetivo. É preciso inovar bem, com foco em entregar boas experiências aos clientes. Uma experiência ruim pode fazer com que a empresa perca o cliente não somente no canal digital, mas na marca como um todo. Por isso, é preciso equilibrar o senso de urgência em inovar com o risco de fazer malfeito. É preciso inovar rápido e inovar bem.

A jornada de inovação é um "ato de fé", pois não é possível comprovar o sucesso de antemão. É uma jornada em que não sabemos para onde vamos, mas em que temos a certeza de que quem não seguir esse caminho vai ficar para trás.

Uma recomendação que faço é realizar a inovação a partir de projetos que tragam pequenos ganhos rápidos e mostrem pequenas vitórias para toda a empresa. A inovação não deve ser um Boeing que demora anos e exige muito dinheiro para ser construído e gerar resultados:

em vez disso, desenvolva miniprojetos pontuais, que entreguem ganhos constantemente.

E por onde começar a inovação?

Comece com aquilo que gera mais resultado para a empresa. Quais são as grandes "dores" dos clientes? O que mais os incomoda? Começando por aí, você consegue agregar valor para a empresa rapidamente e, com isso, mostra que a transformação do negócio não é só possível, como gera resultados importantes.

O que trouxe sua empresa até aqui não é o que irá levar o negócio adiante. Abrace a inovação de forma inteligente e construa seu futuro.

Por meio deste *QR Code*, você pode assistir ao vídeo "**A cultura de aprender a aprender**", apresentado por Eduardo Terra, que complementa este artigo.

O desafio da liderança na transformação digital do varejo

As profundas mudanças do setor exigem novas competências e exigem uma nova postura dos líderes e das equipes.

Em mercados de muita disrupção, um dos maiores desafios é o da liderança. E em todos os níveis: do presidente do Conselho de Administração ao supervisor da loja, novas competências passam a ser necessárias para lidar com a transformação digital e com as novas formas de interação com os consumidores.

E este, infelizmente, costuma ser um aspecto pouco destacado na transformação das empresas. Mas como já dizia o grande guru da gestão, Peter Drucker, a cultura come a estratégia no café da manhã: sem um trabalho consistente de mudança na cultura e nas competências: conhecimentos, habilidades e atitudes dos profissionais, é impossível deixar de ser uma empresa analógica para se tornar digital.

Então confira alguns pontos que você deve levar em conta nas suas iniciativas de transformação digital:

1. Abrace a Instabilidade

Quanto mais cedo aceitarmos e entendermos que vivemos em um mundo de mudanças constantes e grande instabilidade, melhor. O mundo VUCA é definitivo. Daqui em diante, as certezas não aumentarão, muito pelo contrário. O que não sabemos é qual a causa da ruptura: política, economia, tecnologia, meio ambiente. O que sabemos é que teremos instabilidades cada vez maiores. Por isso, saber navegar em mares tensos e em um ambiente de mudança constante é fundamental para quem quer obter sucesso em seus negócios no futuro.

2. Saiba Usar a Tecnologia a seu Favor

É natural que, em um mercado em evolução constante, as competências necessárias para lidar com as mudanças também precisem mudar. Há dez anos, as decisões eram tomadas muito mais com base no conhecimento adquirido e no *feeling* do que na análise de dados. Por isso, um executivo de varejo não precisava entender muito de tecnologia.

Hoje, porém, já não é assim. No varejo, a tecnologia ocupa um papel cada vez mais importante. Simplesmente não dá mais para um presidente, um executivo ou mesmo um gestor de loja não saber usar a tecnologia a seu favor. É importante deixar claro: você não precisa dominar programação ou saber construir algoritmos, e sim entender estrategicamente como a tecnologia pode ajudar a tomar melhores decisões e entregar mais resultados.

O entendimento sobre os diferentes tipos de tecnologias e sobre as diversas arquiteturas de sistemas é uma competência nova, mas muito necessária para os líderes do varejo. Entender o que é *cloud computing* ou como os microsserviços aceleram a integração dos sistemas abre oportunidades para repensar o negócio e entregar melhores soluções aos clientes.

3. COLOQUE O CLIENTE NO CENTRO DA ESTRATÉGIA: PARE DE OLHAR PARA DENTRO DA EMPRESA

Um segundo aspecto muito importante na transformação cultural do varejo é o fato de que o cliente não olha para canais, e sim para marcas. Não existe o "cliente do *e-commerce*", o "cliente do WhatsApp" e o "cliente da loja física": tudo é uma coisa só, o cliente é o mesmo e, do ponto de vista dele, a empresa deve ser única.

Os negócios vencedores olham para o cliente e não para o canal. Quando os problemas, necessidades e desejos dos clientes são colocados em primeiro plano, toda a gestão do negócio passa a estar focada em entregar aquilo que o consumidor precisa. O que, com frequência, exige mudar processos e rever toda a arquitetura do negócio.

4. ADOTE NOVOS MODELOS DE TRABALHO

Esse é um grande legado desta pandemia. Durante os meses de isolamento social, aprendemos novos modelos de trabalho, novas formas de fazer negócio, novos caminhos para realizar eventos. Muito disso vai ficar e, certamente, haverá modelos híbridos, em que trabalharemos menos em escritórios e faremos menos reuniões presenciais.

Para os líderes, fica o desafio de atrair, engajar e gerar resultados de times geograficamente espalhados. Assim como o varejo tem desenvolvido modelos de negócios que aliam lojas físicas ao mundo digital, os ambientes de trabalho dos colaboradores também serão um misto de engajamento pessoal e contatos remotos. Desenvolver a cultura, o propósito e o senso de pertencimento nesse ambiente se tornam novos desafios das lideranças.

5. MUDE AS MÉTRICAS

No dia a dia, se os gestores de loja são cobrados pelo desempenho das vendas naquele PDV e as vendas *online* não entram nessa conta, naturalmente o foco estará na venda física. Por isso, a mudança de perspectiva também deve ser acompanhada por uma mudança nas métricas e na remuneração das equipes.

Cada vez mais empresas fazem uma parte importante de suas vendas por meios digitais. O "clique e retire" é uma realidade, o *ship from store* (expedição de pedidos *online* a partir das lojas físicas) vem crescendo e a prateleira infinita ganha corpo como uma forma de complementar o *mix* das lojas. Os líderes de loja agora precisam lidar com todas essas variações e cuidar para que todas elas funcionem com eficiência.

Hoje, as lojas não devem mais ser medidas pelo número de cupons fiscais, porque eles são apenas parte do relacionamento com o cliente. Os vendedores não devem mais ser cobrados por quanto venderam, e sim pela satisfação do cliente.

6. CONTRATE DIFERENTE

No passado, o bom vendedor era aquele capaz de "vender areia no deserto": a lábia incrível era vista como uma imensa vantagem. Hoje em dia, o bom vendedor precisa falar menos e ouvir mais. Ele precisa entender o que o cliente deseja e oferecer a melhor opção para atender essa necessidade, explicando muito bem quais são as vantagens dessa solução que ele está oferecendo.

Da mesma forma, o gestor de loja precisa estar atento ao consumidor. Ele precisa colocar as necessidades do cliente em primeiro lugar e, para isso, deve contratar, treinar e acompanhar as equipes com essa perspectiva. Em um novo modelo de negócios, voltado ao cliente, todo o time deve estar nesse novo paradigma.

7. NUNCA PARE DE APRENDER

A instabilidade do mundo e a aceleração das transformações provocam mais humildade entre os líderes de negócios, que são diariamente desafiados por situações e eventos sobre os quais não sabem muita coisa. Todos nós precisamos ter uma agenda de aprendizado contínuo.

Os líderes do pós-coronavírus são líderes que aprendem constantemente. Eles sabem que não sabem de tudo e, por isso, desenvolvem um ambiente de trabalho que estimula a troca de conhecimento entre as pessoas. Isso coloca ainda mais em xeque as hierarquias tradicionais e acelera a construção de novos modelos de empresas e de negócios.

Por meio deste *QR Code*, você pode assistir ao vídeo "**Os desafios da liderança em uma economia digital e instável**", apresentado por Eduardo Terra, que complementa este artigo.

Perspectivas para a evolução do e-commerce e a transformação do varejo

O coronavírus acelerou mudanças profundas no varejo e criou ainda mais variáveis. Isso fortalece o *e-commerce* e exige novas habilidades das empresas e dos profissionais.

Ao longo de 2020 e 2021, vimos o *e-commerce* crescer de forma acelerada. As empresas evoluíram rapidamente e a transformação digital do varejo deixou de ser uma tendência para se transformar em necessidade. No "próximo normal" das relações de consumo pós-pandemia, as alternativas de comércio eletrônico serão cada vez mais importantes.

É importante que você esteja atento a algumas tendências que estão ganhando espaço e farão parte desse futuro do varejo:

1. Novos canais de *DELIVERY*

Um estudo da McKinsey estima que em 2020 cerca de 100 bilhões de <u>produtos foram movimentados na última milha</u>[19], um número que deve dobrar em dez anos. Para atender a esse aumento de demanda, é preciso integrar dados de estoque e movimentação de produtos para reduzir o tempo de transporte e os custos.

[19] Para acessar o estudo da McKinsey sobre os produtos movimentados na última milha, aponte a câmera do seu *smartphone* para este *QR Code* e abra o *link* no navegador de sua preferência.

Para atender ao crescimento dos pedidos *online*, novos modelos passarão a fazer sentido. O uso de veículos autônomos de entrega, postos móveis de retirada de produtos (disponíveis em um lugar por tempo limitado) e *drones* são ideias que hoje ainda enfrentam grandes dificuldades para decolar, mas que irão ganhar tração nos próximos anos.

2. OMNICHANNEL, PARA JÁ

Não tenho dúvida de que essa expectativa da McKinsey sobre a movimentação de produtos na última milha seria ainda maior se o varejo não se movimentasse para oferecer aos clientes modalidades como o "clique e retire" em suas lojas físicas. Essa é uma opção que leva o consumidor à loja, mantém o calor humano do relacionamento e reduz (e muito) os custos logísticos.

No "próximo normal" do varejo, as lojas físicas continuam sendo importantes para a experiência com os produtos, como ponto de mídia e um momento de interação do cliente com a marca. Mas as lojas precisam ser vistas de forma estendida: seu papel vai muito além de esperar passivamente o cliente e passa a incorporar a ativação do público, o atendimento a pedidos *online* e a geração de pedidos de produtos que não estão no estoque.

Nos próximos anos, as empresas que tiverem mais capacidade de usar seus dados para entregar boas experiências aos clientes vão conseguir mover rapidamente seus estoques entre CDs e lojas para fazer entregas expressas e viabilizar o "clique e retire" ainda mais rápido do que já vimos antes. Fazer isso em grande escala e a baixo custo é um grande desafio.

3. PLANEJAR NÃO É SUFICIENTE

O planejamento nunca foi tão importante, mas, ao mesmo tempo, os planos nunca ficaram obsoletos tão rápido. E isso só vai continuar: nossa realidade VUCA só vai ficar mais intensa. Nos próximos 18 meses, por exemplo, veremos um forte impacto de LGPD, PIX, *Open Banking*, interoperabilidade e 5G sobre os negócios do varejo, acrescentando ainda mais variáveis a um cenário que já é turvo por causa da economia, da política e do coronavírus.

Por isso, ao mesmo tempo em que é preciso analisar cenários e estar preparado para o futuro, também é preciso ter a capacidade de reagir muito rapidamente quando as coisas saírem dos trilhos. A adaptabilidade é extremamente importante para surfar as mudanças do mercado, em vez de ser tragado por elas.

A transformação digital do varejo viabiliza essa capacidade de adaptação. Empresas com estruturas ágeis e uma cultura de inovação passam a abraçar as mudanças e entendê-las como oportunidades de crescimento, em vez de reagir com medo e evitar alterações no *status quo*. Precisamos todos ser capazes de mudar rápido quando o cliente decide mudar.

4. APRENDER CONSTANTEMENTE

Empresas e profissionais que irão prosperar no mundo VUCA entendem que precisam aprender sempre, que desconhecem muito mais coisas do que conhecem. Por isso, é preciso estar sempre aberto a saber mais. É com esse *mindset* que me tornei um dos embaixadores do European Institute for Commerce Management (EICOM[20]) no Brasil.

O objetivo é orientar os líderes do varejo a estruturar suas empresas e melhorar a experiência com o cliente a partir de uma mentalidade digital. A partir da análise de estudos de caso reais, de empresas de todo o mundo, os participantes do EICOM passam a conhecer estratégias inovadoras de negócios, o que acelera o entendimento das mudanças e prepara as pessoas, a cultura e as empresas para o futuro.

[20] Para acessar o portal da EICOM, aponte a câmera do seu *smartphone* para este *QR Code* e abra o *link* no navegador de sua preferência.

Transformação digital: ainda vem muito mais por aí

> Se você acha que o período da pandemia provocou mudanças intensas em seus negócios, prepare-se, pois você ainda não viu nada...

Os últimos dois anos foram intensos. Transformações esperadas para um futuro distante aconteceram em questão de meses, sem que houvesse muita chance de entender o que ocorria. No varejo, vimos as empresas embarcando ou acelerando seus esforços de transformação digital, encarando e vencendo desafios que elas mesmas julgavam ser impossíveis.

A digitalização dos negócios e o crescimento do *e-commerce* mostram que estamos em um mundo cada vez mais volátil, incerto, complexo e ambíguo (VUCA). Se você acredita que essa é somente uma fase, e que vamos em algum momento dar uma pausa e viver em um mundo menos volátil, incerto, complexo ou ambíguo, está enganado. Na verdade, estamos vivendo apenas o começo...

Cada vez mais VUCA

O ambiente de negócios vem se transformando a cada dia, mas uma série de tecnologias e processos vêm convergindo para promover grandes transformações em quase todos os setores da economia, com destaque para o varejo e o setor financeiro.

Esses grandes movimentos estão às portas e, não se engane, irão transformar completamente o ambiente de negócios.

1. 5G

A tecnologia de comunicação 5G tem um potencial transformador sobre inúmeros aspectos da sociedade. A alta capacidade de transmissão de dados e a baixa latência viabilizam aplicações de Internet das Coisas (IoT), que, por sua vez, conectam bilhões de dispositivos. O uso de sensores em todo lugar tem aplicações diretas no varejo em áreas que vão da reposição automática de gôndolas à coleta e processamento de mais dados sobre o comportamento dos consumidores, indo até modelos de relacionamento automatizado com os clientes.

Com 5G e IoT, tecnologias como carros autônomos e cirurgias por telemedicina se tornam viáveis. No Brasil, em 2022 devemos começar a ver o início do processo de implementação do 5G e seus benefícios e impactos para consumidores e varejistas.

2. BLOCKCHAIN

O PIX é o sistema de pagamentos instantâneos do Banco Central, que entrou em operação em novembro de 2020. Com ele, a transferência de dinheiro entre empresas e pessoas passou a acontecer em questão de segundos, em qualquer dia e horário. Nada de esperar um dia útil por um DOC ou até três dias para ver aquele boleto do cliente compensado em sua loja. O PIX reduz muito o custo das transações bancárias e acelera a digitalização dos meios de pagamento.

3. OPEN BANKING

Blockchain é uma tecnologia que descentraliza o controle sobre os dados e permite que toda a rede garanta a integridade das informações que trafegam nela. Esse é o conceito por trás de negócios que não têm um controle central, como é o caso das criptomoedas, de sistemas de rastreabilidade da cadeia de suprimentos e até mesmo de investimentos no setor artístico - como os NFTs.

Para o varejo, a tecnologia de *blockchain* tem o potencial de se converter, em pouco tempo, em uma grande fonte de aumento de eficiência das operações, na apresentação de experiências de consumo mais imersivas e até mesmo em novos modelos de fidelidade.

A integração entre *online* e *offline* ganha força quando é possível utilizar o poder das redes para oferecer novas ferramentas digitais. E o *blockchain* é o alicerce de toda essa revolução.

4. ECOSSISTEMAS DIGITAIS DE NEGÓCIOS

Somando o 5G e o *blockchain* e toda digitalização da economia, temos um ambiente de negócios de ampla competição. Nele, seu concorrente não é mais o varejista que atua no mesmo setor e que tem uma loja no mesmo quarteirão. Seu concorrente pode vir de qualquer setor.

Na realidade, seu concorrente não será mais uma empresa, e sim um ecossistema digital de negócios. Você também fará parte de um ecossistema, seja como um participante (o que será muito mais comum), seja como o dono de todo o sistema (coisa para muito poucos, capazes de aglutinar milhões de clientes, milhares de *sellers* e uma infinidade de prestadores de serviços).

Em um ecossistema, as empresas não estão mais no negócio de vender produtos. O que elas fazem é entregar soluções relevantes para seus clientes. Para isso, integram produtos, serviços, meios de pagamento, relacionamento e conhecimento dos hábitos dos consumidores, para serem relevantes para o consumidor.

Nos ecossistemas, a concorrência é transversal e global. E o mundo se torna ainda mais incerto por causa disso.

Esse é o futuro que estamos começando a trilhar. A transformação digital que estamos vivendo agora é só o início.

EPÍLOGO

Oito lições obrigatórias da NRF 2022 para o varejo pós-pandemia

NRF Big Show 2022 mostra que o futuro do varejo passa por humanização, valores e mudanças organizacionais profundas para lidar com um novo ambiente de negócios.

Há décadas o varejo tem um ponto de encontro para discutir o ano que passou e as perspectivas para os 12 meses seguintes. A NRF Big Show, todo mês de janeiro em Nova York, é uma oportunidade única para presenciar a transformação do varejo mundial, debater tendências e encontrar novos caminhos para o sucesso.

Em 2021, ficamos todos "órfãos", uma vez que a pandemia impediu a realização do evento. E a edição 2022 foi desafiadora não somente pela disseminação da variante ômicron em todo o mundo, mas também porque identificar tendências em um cenário de mudança constante é um exercício ainda mais complexo. Quase 150 painéis de debates, mais 800 expositores na Expo e visitas a dezenas de lojas trazem *insights* a todo momento.

Considerando a realidade dos negócios no Brasil, a NRF Big Show 2022 deixou oito grandes *insights* para o varejo. Estes pontos, não tenho dúvida, precisam fazer parte da agenda estratégica das empresas. Quem ignorar essas transformações corre o sério risco de acordar um certo dia e perceber que seus clientes foram para outro lugar – sim, as mudanças que temos visto são radicais assim e acontecem em grande velocidade.

Então, sem mais delongas, aqui estão nossos oito grandes *insights* estratégicos para o varejo brasileiro em 2022:

1. THE NEW RETAIL BUSINESS ENVIRONMENT / O NOVO AMBIENTE DE NEGÓCIOS DO VAREJO

Todo o ambiente de negócios do varejo está mudando, sendo "disruptado" e gerando muitas incertezas. O mais importante, porém, é que mudança, disrupção e incerteza não irão desaparecer tão cedo. Possivelmente, nunca irão embora. Por isso, o varejo precisa saber navegar nesse ambiente.

Planejamentos rígidos de longo prazo perderam o sentido: é claro que o varejo precisa saber para onde ir e onde quer estar daqui a três ou cinco anos, mas o caminho se faz ao caminhar. Como disse o presidente da Target, Brian Cornell: precisamos ter agilidade, adaptabilidade e flexibilidade.

O recado para o varejo é bastante claro. Precisamos nos mover depressa e aproveitar as oportunidades que surgirem. Um estudo da McKinsey mostra que a idade média das grandes empresas caiu de 61 anos em 1950 para 22 anos hoje e que apenas 22% dos negócios lançados pelas companhias incumbentes obtêm sucesso. Acostume-se com o erro e com o fracasso, pois eles são cada vez mais comuns. Mas quem não buscar o erro não encontrará novas respostas.

O desafio será ainda maior em um futuro próximo. O crescimento das gerações Z e *Alpha*, fortemente digitalizadas e com valores muito ligados ao cuidado com o planeta e a sociedade, exige novos atributos das marcas e dos empregadores. Essa geração logo será a maior parcela do mercado de consumo – a transformação já está em andamento, mas será que você está preparado?

2. SUPPLY CHAIN REVOLUTION / A REVOLUÇÃO DA CADEIA DE DISTRIBUIÇÃO

Esse foi um tema que permeou inúmeros painéis da NRF 2022, e com bons motivos. A inflação americana bateu na casa de 8%, o que não acontecia há 40 anos, e o desabastecimento nas lojas chegou a um nível inédito. Presenciamos supermercados e farmácias com problemas sérios de abastecimento – e os especialistas dizem que não há perspectiva de normalização em 2022.

No Brasil, as razões são diferentes, mas também estamos convivendo com inflação alta e desabastecimento. Isso faz com que a agenda da *supply chain*, que sempre foi tática, se tornasse estratégica. Enquanto vivíamos um ambiente de abundância de oferta, a questão do abastecimento se limitava a ganhos de produtividade. A pandemia levou o mundo, em poucas semanas, a um cenário de escassez – e não pela produção: a distribuição global de produtos caiu por terra.

Um exemplo do quanto a situação é delicada e muda o racional do varejo: antes da pandemia, um *container* de Xangai para Los Angeles custava US$ 1200 – hoje, não sai por menos de US$ 20 mil. É por isso que a Amazon está investindo em *container* próprios e já é o quinto maior transportador de *container* do Pacífico. *Supply chain* se tornou *core* para os negócios, já que somente quem controla sua logística consegue estar a 15 minutos de seus clientes.

A revolução da *supply chain* traz quatro grandes desafios: previsibilidade da distribuição; uso de Inteligência Artificial; mais cooperação e transparência de dados; e mais soluções e inovações na última milha. Veremos mais *fulfillment centers* dentro das cidades e estruturas projetadas para antecipar demandas e disponibilizar produtos em tempo recorde. É uma revolução que transforma a estrutura e a personalidade das empresas.

3. *New techs* / Novas tecnologias

O varejo precisa fazer sua lição de casa e atualizar sua arquitetura e infraestrutura de tecnologia. A transformação digital não irá avançar se novas tecnologias não forem adotadas na estrutura do negócio. Esta edição da NRF Big Show mostrou muita aplicação prática, com pouca pirotecnia e muita produtividade. Foco em resultados e a busca por impacto imediato na competitividade dos negócios.

Do 5G como uma nova via estruturante de negócios que viabiliza aspectos como automação em massa de CDs, carros autônomos e *drones* (transformando a *supply chain*) à maturidade de aplicações no piso de loja e na coleta e análise de dados, o varejo se tornará um negócio intensivo em tecnologia. E é preciso estar preparado para isso, tanto em sistemas quanto em pessoas.

4. *Metaverse* / Metaverso

O Metaverso talvez tenha sido o tema mais vistoso desta NRF, mas o grande *insight* para o varejo em 2022 não é se isso vai "pegar" ou não. Ficou claro que essa é uma agenda de médio ou longo prazo, mas também está evidente que o amadurecimento digital da sociedade será exacerbado pelas novas gerações. Assim, quem quiser ter vida longa, precisa aprender a se relacionar com os consumidores mais novos.

Isso passa pelo Metaverso – que, é importante dizer, de alguma forma já acontece. A ideia de um espaço virtual coletivo e compartilhado, que tenta replicar a realidade a partir de dispositivos digitais, está muito presente no mundo dos *games*. A grande questão é como afetará o consumo no Brasil e no mundo. O momento atual é de começar a conhecer essa realidade e acompanhar a evolução da infraestrutura e de aspectos como segurança, pagamentos e aplicações.

Para o varejo, hoje há dois grandes ângulos para a questão do Metaverso. O primeiro é como evolução do *e-commerce*, emulando experiências de compra melhores que a de um *e-commerce* tradicional. Para uma parcela da população, essa será uma proposta relevante – e a evolução do 5G, da capacidade de processamento computacional e dos dispositivos móveis a tornará real rapidamente.

Mas é a segunda agenda que está mais adiantada: o Metaverso como uma nova economia de produtos digitais. A compra de produtos digitais para seus avatares é um mercado em amplia expansão. A Cointelegraph Research disse que as vendas de NFTs saltaram de US$ 41 milhões em 2018 para US$ 18 bilhões no ano passado – um crescimento de 400 vezes. E é só o começo...

5. THE NEW STORE / A NOVA LOJA

Já falamos há alguns anos que a loja física não perde relevância em um mundo digital. Muito pelo contrário: ela ganha valor estratégico cada vez maior. Um bom exemplo é a China, o varejo mais digitalizado do mundo, em que os PDVs têm um papel essencial no relacionamento com o cliente e na experiência oferecida ao consumidor.

Mas a loja física precisa ser revista para um novo paradigma de varejo, mais focado nos clientes do que nos canais. Nesse paradigma, a loja é orientada a dados para oferecer logística, experiência, serviços e relacionamento. Dessa forma, consegue entregar experiências relevantes em categorias movidas a emoção e, ao mesmo tempo, oferecer eficiência na distribuição de última milha para as vendas digitais.

A nova loja é um fator importante de atração e captura de clientes, gerando recorrência para as marcas. A forma mais tangível de transformar bases de clientes em valor é por meio de modelos de relacionamento que "tocam" o consumidor no digital e no PDV, aumentando o volume de dados coletados e dando ao varejo mais capacidade de entender comportamentos e demandas.

É por isso que as farmácias estão se transformando em *hubs* de saúde, que supermercados oferecem cada vez mais soluções em alimentação (como refeições prontas e semiprontas) e que a Apple já faz 20% de sua receita (e uma parcela muito maior dos resultados) a partir de serviços por assinatura. Contatos pontuais com os clientes não funcionam mais: é preciso estar presente de forma constante e consistente.

6. BUSINESS ECOSYSTEMS CHALLENGE RETAIL / OS ECOSSISTEMAS DE NEGÓCIOS DESAFIAM O VAREJO

Aqui, mais uma vez a referência é a China, em que Alibaba e Tencent são grandes exemplos de negócios que saíram de seus setores de origem (tecnologia) para crescer exponencialmente. Na América Latina, o Mercado Livre mostra que esse caminho de expansão de negócios é importante para os negócios. Mas, para isso, é preciso estar "em *beta* constante": inovação e experimentação precisam fazer parte do DNA do negócio para que a empresa encontre oportunidades para evoluir com base no que é relevante para os clientes.

Os ecossistemas mudaram a lógica do varejo, que sempre esteve muito focado na eficiência da movimentação de produtos. Hoje, os negócios de mais sucesso estão baseados no entendimento dos clientes e na personalização dos relacionamentos. O crescimento dos ecossistemas mostra um caminho de transformação que precisa ser analisado por todo o varejo. Nem todo mundo será um ecossistema, mas certamente todos farão parte de um.

7. ESG + DE&I / ASG + DIVERSIDADE, EQUIDADE & INCLUSÃO

A pandemia trouxe uma forte aceleração da agenda de DE&I (diversidade, equidade e inclusão). Somente quem vivencia o mercado americano consegue ter a dimensão do impacto das mortes de George Floyd e Breonna Taylor – mas no Brasil tivemos muitos casos de violência contra minorias, inclusive envolvendo varejistas. Essa é uma questão que encontra voz em todo o mundo.

Os consumidores estão cada vez mais sensíveis ao papel das empresas na promoção de uma sociedade mais justa e equalitária – e isso se tornou uma régua para a tomada de decisões de investimentos, uma vez que gera empresas com maior retorno no longo prazo. As questões ESG, porém, não funcionam se forem tratadas de forma tática ou superficial: as empresas precisam inserir ESG em seus princípios, valores e cultura, e a liderança tem de praticar de forma intensa e obsessiva.

O respeito à diversidade, equidade e inclusão também é um fator importante de atração e retenção de talentos. Especialmente nas gerações mais novas, a escolha de onde trabalhar passa por uma análise do respeito do empregador às minorias. No Brasil, um país com uma imensa carência de profissionais em posições mais ligadas ao mundo digital, essa é uma questão estratégica – uma vez que essa é uma das áreas em que os colaboradores estão mais atentos à postura DE&I.

8. *CULTURE & LEADERSHIP TO NAVIGATE THE TRANSFORMATION* / CULTURA E LIDERANÇA PARA NAVEGAR A TRANSFORMAÇÃO

A agenda da liderança é cada vez mais complexa, uma vez que o líder tem que ser o guardião e promotor do propósito maior da empresa. Ele precisa ao mesmo tempo proteger o legado do negócio e abrir caminho para um futuro que é desconhecido, inesperado e muito fluido.

Somente empresas que contam com lideranças fortes conseguem realizar a agenda de transformação, que é, acima de tudo, uma agenda de cultura, organização, processos e (somente então) de TI. Os líderes do varejo precisam lidar com questões espinhosas, como a mudança de indicadores, a adoção de novos padrões ESG e DE&I e a transformação de modelos de negócios. Tudo isso enquanto estimulam a disciplina estratégica e operacional para continuar fazendo o negócio acontecer.

O varejo é um negócio de resultados. Por isso, o líder precisa cuidar do hoje e do amanhã – e sem ser super-herói. O líder de sucesso é um líder com propósito e conexões humanas, que refunda os negócios em torno da humanização dos relacionamentos. É uma transformação – de um modelo obcecado por produto e canal para um novo modelo focado em clientes e relacionamentos.

A NRF Big Show 2022 apontou caminhos importantes de transformação para o varejo. E não se trata de caminhos opcionais –

quem não cuidar desses oito fatores acabará ficando para trás. Estamos vivendo o início de uma nova fase de grandes mudanças. Cabe a cada líder e a cada empresa se posicionar para aproveitar ao máximo as oportunidades.

O Metaverso vem aí: você está preparado?

Plataformas digitais imersivas abrem novas oportunidades de relacionamento e vendas para o varejo. Saiba como se preparar para essa revolução.

Nos últimos meses, um novo tema passou a fazer parte da pauta das discussões estratégicas do varejo e dos principais eventos de inovação do mundo: o Metaverso. Desde que Mark Zuckerberg anunciou uma virada estratégica no Facebook (inclusive mudando a marca corporativa para Meta), a criação de mundos virtuais que tentam replicar a realidade a partir de dispositivos digitais passou a ser assunto obrigatório.

Mas até que ponto a promessa de um espaço coletivo, virtual e compartilhado a partir da integração entre Realidade Aumentada, Realidade Virtual e internet é apenas uma promessa? O que há, efetivamente, de real e possível em tudo isso?

O primeiro ponto que precisamos deixar claro é que, de alguma maneira, o Metaverso vai "pegar". A chegada da comunicação 5G cria oportunidades incríveis, pelo aumento da velocidade e pelo aumento do poder da conectividade entre as pessoas. Realidade Aumentada e Realidade Virtual já existem, não são conceitos revolucionários. O que é realmente revolucionário é a maneira como tudo isso pode se integrar para mudar as relações humanas – e o jeito de fazer varejo no mundo.

O Metaverso já está entre nós

Um ponto que precisamos desmistificar logo de início: o Metaverso não é uma visão futurista, e sim a evolução de algo que já acontece hoje. Se você tem filhos adolescentes ou alguns nem tanto adolescentes, é muito provável que já tenha visto que eles passam boa parte do dia jogando em plataformas como Fortnite, Roblox, GTA e Freefire. Esses sistemas são construções coletivas digitais que já possuem uma economia própria de produtos e serviços.

Segundo o Kantar Ibope Media, 4,9 milhões de brasileiros (o equivalente a 6% dos internautas do País) já estão no Metaverso. Esse é um mercado que, em 2024 (segundo a Bloomberg), movimentará US$ 800 bilhões em todo o mundo, o equivalente a quase 1% do PIB mundial. É muita coisa – e uma oportunidade grande demais para ser ignorada.

Mas o Metaverso é muito mais que um game ou uma plataforma imersiva: seu ecossistema precisa contar com uma infraestrutura forte de segurança, *cloud*, análise de dados e meios de pagamento. Some ao desenvolvimento dessa infraestrutura a evolução dos consumidores das Gerações Z e Alpha: a população que vai das crianças aos jovens adultos representará, até o fim da década, o maior grupo populacional do mundo. São os seus clientes do futuro. Se você não souber se relacionar com eles onde eles estiverem, e da forma como eles quiserem, você ficará para trás.

O Metaverso é um mercado em evolução. Para o Gartner Group, em 2026 cerca de uma em cada quatro pessoas passará pelo menos uma hora por dia no Metaverso em atividades como trabalho, compras, educação, entretenimento e interação social. Se isso parece loucura para você, cuidado: hoje já vemos empresas usando plataformas "metavérsicas" para reforçar a integração de profissionais que estão em atuação remota e, na área de educação, usar o Metaverso para dar mais interatividade às aulas não é um salto grande em relação ao que já existe hoje.

E o varejo?

Para o varejo, a pergunta de alguns bilhões de dólares é: como o Metaverso vai influenciar o comportamento do consumidor? Assim como aconteceu com a internet, muitas aplicações só farão sentido no futuro, e nem conseguimos imaginá-las hoje. Para ficar em apenas um exemplo, poucos poderiam prever, nos anos 90, o quanto os aplicativos para celular seriam revolucionários. E hoje o *smartphone* é o centro da vida digital das pessoas. O mesmo acontecerá com o Metaverso, não tenho dúvida.

Ainda assim, podemos, desde já, identificar duas grandes avenidas de evolução do Metaverso no varejo:

1. O METACOMMERCE

O primeiro campo de evolução é a venda de produtos e serviços utilizando o Metaverso como plataforma. É o que chamo de "experiência de *digital commerce 4.0*": é a evolução das vendas digitais para que elas se aproximem daquilo que recebemos hoje em uma loja física. O varejo *online*, até agora, utiliza muito pouco os aspectos sensoriais e promove experiências de compra mais frias e racionais. Com o Metaverso, isso muda.

Casos que vimos recentemente como projetos-piloto de marcas como Walmart, H&M e Lacta mostram que o consumidor, equipado com óculos de Realidade Virtual, pode passear por uma loja como se estivesse presencialmente nela e fazer uma compra muito mais personalizada que em um ambiente físico. Essa experiência de uso das tecnologias do Metaverso melhora o *e-commerce* de hoje e traz mais daquele "efeito UAU" que todos queremos oferecer aos nossos clientes.

Um ponto interessante dessa abordagem é que uma loja excelente no Metaverso diminui a necessidade de construir lojas físicas no mundo real. Hoje em dia, quando uma H&M quer mostrar sua força, precisa construir *flagships* em várias cidades do mundo. No Metaverso, basta uma única loja, com possibilidade de tradução do *mix* de produtos e preços para diferentes regiões do planeta.

E, assim como aconteceu com o *e-commerce*, certamente teremos marcas muito fortes construídas inteiramente no Metaverso. E, daqui a alguns anos, falaremos de uma nova evolução do *omnichannel*, que integrará o Metaverso às lojas físicas, trazendo uma espécie de "experiência aumentada" para os consumidores.

2. A NOVA ECONOMIA DIGITAL

Uma segunda abordagem, mais certeira e de curto prazo, está ligada ao *marketing* e à comunicação com as gerações mais novas (Z e Alpha). Trata-se de uma economia de produtos digitais, com avatares, games e entretenimento, que logo será incorporada pelo varejo.

Os mais jovens consideram natural criar versões digitais de si mesmos. Seus avatares podem ser uma visualização de como eles gostariam de ser, ou de como querem se projetar na sociedade. Para criar e alimentar essa projeção, é natural comprar versões digitais de produtos, como uma determinada calça ou sapato para seu avatar. Nos *games* isso já é normal acontecer, e marcas como Gucci, Ralph Lauren e Dolce & Gabbana perceberam que essa é uma oportunidade de se fazer conhecer para um novo público – criando a nova geração de fãs.

Esse movimento da economia digital está muito associado aos NFTs, que são as versões digitais de objetos (de obras de arte a roupas e memes). É um mercado que movimenta hoje US$ 18 bilhões e cresceu 400 vezes nos últimos quatro anos. A construção de conteúdo digital para ser consumido pelos avatares já atraiu, por exemplo, o Carrefour, que criou uma loja no Fortnite em 2021 como uma ação de divulgação de alimentação saudável – não para os consumidores, mas para seus avatares no *game*.

Adidas e Nike são outros exemplos de marcas muito ativas no Metaverso, com linhas de produtos exclusivamente digitais. É bem possível que as versões de produtos mais bem-sucedidas também ganhem versões físicas, para que seres humanos de carne e osso possam usar.

E se você estiver pensando algo na linha de "no Brasil isso não funciona", cuidado: varejistas como Boticário, Havaianas e Lojas Renner já estão experimentando, testando ideias e aprendendo a se relacionar com o público nas plataformas imersivas digitais.

É claro que toda a discussão sobre o Metaverso precisa ser ponderada nas diversas gerações. O público mais jovem está mais conectado e será muito mais impactado pelas plataformas imersivas, mas todo consumidor hoje está *online* – e, de alguma maneira, pode ser levado para o Metaverso. Cabe ao varejo criar possibilidades e oferecer ideias convenientes, descomplicadas e que apresentem soluções claras para as questões do dia a dia do seu público. Não sabemos ainda como o Metaverso irá evoluir, mas precisamos estar atentos: essa é uma mudança que vai acontecer – e que irá transformar o varejo.

EDUARDO TERRA

Eduardo Terra é presidente da Sociedade Brasileira de Varejo e Consumo (SBVC) e membro do Conselho de Administração de diversas empresas de varejo e serviços.

Atua como professor de cursos de Pós-Graduação e MBA, realiza palestras em eventos nacionais e internacionais de varejo e é autor de diversos livros e artigos sobre varejo e mercado de consumo.

LinkedIn YouTube Instagram